鞠明君 编著

微信：社会化媒体营销的革命

清华大学出版社
北京

图书在版编目(CIP)数据

微信：社会化媒体营销的革命 / 鞠明君编著. — 北京 : 清华大学出版社，2013.8

ISBN 978-7-302-32945-9

Ⅰ. ①微… Ⅱ. ①鞠… Ⅲ. ①网络营销 Ⅳ. ①F713.36

中国版本图书馆 CIP 数据核字(2013)第 148396 号

责任编辑：张立红　史　涛
封面设计：张　钢
版式设计：方加青
责任校对：杨　军
责任印制：刘海龙

出版发行：清华大学出版社
网　址：http://www.tup.com.cn，http://www.wqbook.com
地　址：北京清华大学学研大厦 A 座　邮　编：100084
社总机：010-62770175　邮　购：010-62786544
投稿与读者服务：010-62776969，c-service@tup.tsinghua.edu.cn
质量反馈：010-62772015，zhiliang@tup.tsinghua.edu.cn
印 装 者：清华大学印刷厂
经　销：全国新华书店
开　本：170mm×230mm　印　张：16.25　字　数：239 千字
版　次：2013 年 8 月第 1 版　印　次：2013 年 8 月第 1 次印刷
定　价：39.80 元

产品编号：054381-01

前言

用横空出世形容微信并不为过，从2011年1月上线，在两年的时间里，微信的注册用户已超过3亿，用户遍及100多个国家和地区，成为全球使用人数最多的移动应用。微信不仅在中国大行其道，在东南亚等十多个国家和地区的发展势头也不错，让人看到了中国互联网产品进入国际市场的曙光。

互联网实验室董事长方兴东认为，微信的诞生顺应了两大历史性的趋势：一是即时网络的出现，二是吻合了全球IT界半个世纪以来的最大转型。互联网巨头Facebook、Google以美国主流用户为基础发展壮大，间接地塑造和决定了现在的互联网产业格局。而微信是以中国主流用户为基础，预示着中国主流消费者将会重新塑造未来互联网的产业格局。方兴东判断，未来的网络时代，网民拥有微信就可以拥有一切，微信可能会成为中国互联网第一大应用。移动互联网的数据在中国的发展速度将会更快，未来数年内移动互联网用户数量将会是美国的两倍、三倍、四倍。

中科院研究生院管理学院副院长吕本富表示，微信类产品的火爆源于自身功能及其带来的信息解放。微信在国际化道路上存在一定问题，但其具备国际化优势，未来应从硬功夫上加速国际化进程。同时，吕本富指出，Google、Facebook、Twitter、YouTube、维基百科是目前世界五大互联网平台，由于各种原因，这五大平台并没有在国内落地生根，这就造成我们缺乏一个可以随时随地利用的全球平台，而微信目前国际化势头良好，国外用户已经超千万，只要政府大力扶持，企业持续创新，微信完全有可能成为中国人主导的第六大全球互联网平台。

微信，作为一种全新的社交工具，不仅改变了世界各国对中国本土互联网产品的看法，也创造出了一个全新的商业机会。

随着微信的快速发展，微信营销也在一夜之间崛起。2012年8月18日，微信公众平台上线，首次允许媒体、品牌商及名人进行账户认证，并给认证用户更多的手段向粉丝们推送信息。于是，众品牌纷纷抢滩登陆，微信成了品牌的另一大互联网营销热地。

微信营销是企业对营销模式的创新，其特点如下。

- 庞大的用户群：在“用户为王”的资讯时代，拥有用户就拥有成功。特别是在互联网这个行业中，各大公司为了吸引用户、留住用户，都使出看家本领。吸引并保有庞大的用户群，才能为这些企业盈利提供条件。
- 点对点精准营销：从微信的特点来看，它重新定义了品牌与用户之间的交流方式。微博是一种广播式的平台，通过微博平台可以对品牌进行广播式的推广。而微信则是一种点对点的“电话式”服务。当品牌成功得到关注后，通过微信就可以进行到达率为100%的对话。
- 强关系的机遇：微信的点对点产品形态注定了其能够通过互动形式将普通关系发展成强关系，从而产生更大的价值。通过互动的形式与用户建立联系，互动就是聊天，可以解答疑惑、可以讲故事，甚至可以“卖萌”，用一切形式让企业与消费者形成朋友的关系，你不会相信陌生人，但是会信任你的“朋友”。
- 营销形式灵活多样：微信提供了漂流瓶、头像、姓名、个人签名、二维码、LBS服务、语音功能、实时对话、视频通话等一系列强大的功能，可以为用户提供更加丰富的服务，制定更明确的营销策略。
- 营销的免费时代：微信之所以能在短时间内获到大量用户的青睐，最重要的原因就是“免费”。对于用户来说，使用微信是免费的，用户只需要支付流量费用。对于营销商家来说，在微信中进行营销推广，也是免费的！这对于营销预算有限的中小企业、个人创业者来说，是一个难得的“免费午餐”。

作为一个新兴的传播平台，微信将爆发无限的潜力，各行各业都可通过微信营销提升品牌价值、提高企业的盈利能力。

在本书的编写过程中，微信又在公众平台开放了自定义菜单接口。微信还在不断地发展，功能也在不断地增强。

再小的个体，也有自己的品牌！

你的品牌，让亿人看见！

让微信改变世界！

本书由鞠明君组织编写，同时参与编写的还有黄其武、李延琨、林家昌、刘林建、孟富贵、孙雪明、王世平、文明、徐增年、银森骑、张家磊、周伟杰、朱玲、郭丽、项宇峰、于浩、赵桂芹、杨明、陈娜、刘志群、张宇、刘桂珍、张金霞，在此以并表示感谢！

编者

2013 年 4 月

目录

第1章 微信横空出世

第6章 用微信与客户沟通

第7章 用微信开创美好"钱"景

第8章 专注电子商务的微信会员卡

第9章 公众平台，为营销而生

第10章 微信营销实战案例

第11章 电脑也能用微信

第1章

微信横空出世

用横空出世来形容微信并不为过，不到两年时间，用户量就突破3亿。更让人兴奋的是，微信不仅在中国大行其道，在东南亚等十多个国家和地区的发展势头也不错，让人看到了中国互联网产品进入国际市场的曙光。

1.1 微信的国际化之路

面对汹涌的移动互联网大潮，腾讯公司董事会主席、CEO 马化腾相对乐观。他认为，移动互联网的确是千载难逢的机会，腾讯公司将借助微信构建一个国际化平台。

1.1.1 微信有望成为第六大全球互联网平台

2013 年，移动通讯软件与中国互联网的全球机会研讨会暨微信类移动通讯软件行业发展报告发布在北京举行。与会专家表示，微信是中国互联网第一款世界级产品，有望成为继 Google、Twitter、Facebook、YouTube 和维基百科“互联网五老”之后的第六大全球互联网平台，如图 1-1 所示。

图 1-1 各互联网平台 Logo

> **提示** 虽然Google、Twitter、Facebook、YouTube和维基百科是全球五大互联网平台，但在中国的应用并不广泛。

对于微信，电信行业的权威专家、工信部电信经济专家委员会秘书长陈金桥认为，微信结合了移动通讯和互联网信息服务特点，是一种交互型信息平台。微信为用户提供了很好的服务，用户也逐渐在习惯，微信的信息交互能力已经达到了一个高点，而且还在不断地扩展功能。

《21 世纪商业评论》主编吴伯凡谈到，微信不仅是一个简单的即时通讯工具，更多的是供随时使用，对发送者和接收者都比较有利。目前微信越来越从一个工具向构筑立体生活转变，从日常的碎片化信息交流到信息的传输、存储等，用户使用的过程是积累的过程，逐渐构筑出世界和人机关系网，微信正在进行很重要的演变。

1.1.2 马化腾：腾讯将借微信构建一个国际化平台

马化腾参加 2013 年两会时（如图 1–2 所示），再度强调了要让微信迈出国门，成为一个国际化的平台。腾讯对内宣布成立微信美国办公室，开始推进美国微信用户的发展。

图 1-2 马化腾参加 2013 年两会

马化腾表示，目前腾讯正在积极推动让微信“走出去”，让其成为中国的国际化互联网平台。

> **提示** 截至目前，微信的国际化战略已经在中国的香港、台湾等地区实施，之后将推向东南亚地区，以及美国所在的北美区域。

马化腾还指出，深圳已经有了华为、中兴这些国际化企业，但它们大多属于制造业，“微信作为互联网平台有着很好的迈出国门的机会”。据了解，腾讯在美国推广微信的力度会比在东南亚地区更大，动作也更加迅速。

不过在美国，移动聊天类应用的竞争比国内更激烈，多名本土人士也透露，在美国使用微信的大多都是华人群体，他们利用微信来和国内的亲人、朋友联系，因此微信要想在美国杀出一条血路，也面临不小的难度。

1.1.3 微信国际化是摸着石头过河

在 2013 年的 IT 领袖峰会上（如图 1-3 所示），马化腾再一次剖白心迹："这辈子能够走向国际化的，对腾讯来说，目前我就只看到微信这个产品。"他同时坦承，国际化是一个新课题，过去的经验很难有帮助，所以只能是摸着石头过河。

图 1-3 马化腾参加 2013 年 IT 领袖峰会

当被问及微信在国际市场上的打法心得，马化腾并不藏私。他说，不同地区的打法不一样，这需要选择，你是愣砸钱去打广告呢，还是比较聪明地做事件营销，或是找本地合作伙伴？"我发现东南亚一些国家，找当地合作伙伴或者合资公司就比较合适，他们本来就是当地媒体，在当地有很多资源，由他们来推，效果非常好。如果让我们这些陌生的外来者自己过去硬推，就很难做。"

提示

玩转国际化，是微信的机遇也是挑战。不过，面对汹涌的移动互联网大潮，马化腾相对乐观。他认为，移动互联网的确是千载难逢的机会。

马化腾透露，微信已经开始尝试到美国、西班牙等地推广，但这个过程并非一帆风顺。腾讯已经意识到，在微信征战国际市场的过程中，相关问题会接踵而来。马化腾建议，政府要有国际化视野，海外用户发生纠纷时应该以当地法律标准来判断、处理，这样才能让中国企业走出去，否则，“可能把企业又拽回来了”。

1.2 微博 VS 微信

微博、微信，是现在热度很高的词。

微博，即微博客（MicroBlog）的简称，可以通过 web、wap 及各种客户端组建个人社区，以 140 字左右的文字更新信息，并实现即时分享。

技巧 利用微博可以广交朋友，并从微博中获取自己感兴趣的信息，2009年，“微博”这个全新的名词就已经成了全世界最流行的词汇。

国内几大门户网站都推出了自己的微博，如图 1-4 所示，分别是新浪、网易、腾讯、搜狐的微博 Logo。

图 1-4 四大网站微博 Logo

而“微信”是腾讯公司于2011年初推出的一款通过网络快速发送语音短信、视频、图片和文字，支持多人群聊的手机应用软件，微信的Logo如图1-5所示。“微博”与“微信”之间既有竞争关系，也有促进关系。那么，“微博”与“微信”之间有什么差异？各有什么特点？

图1-5 微信Logo

提示 经过腾讯公司对“微信”的逐步升级，现在的“微信”已经具有微博的部分功能了。

1. 网络结构的差异

“微博”是一个开放的信息平台，网友之间可以基于兴趣进行关注。你对某人的微博有兴趣，就可关注，不需要对方同意。这种方式是基于信息的，也就是说你是对微博的内容感兴趣，以“信息”为重点。

而“微信”是一个封闭的社交平台，网友之间需要经过对方的同意才能加为好友。这样，网友之间就是基于“关系”图谱建立的。也就是说，这是一种以“社会关系”为重点的社交关系。

2. 用户关系的差异

在“微信”中，好友之间是双向对等、一对一的关系，与QQ类似，必须相互加为好友，沟通交流是一对一的关系，这导致“微信”粉丝的基数较小。

而“微博”中，普通用户之间不需要互加好友，网友之间是一种多对多、单向关注的关系。在“微博”中，你关注A网友，但A网友并不一定关注你，这就构成了单向关注的关系。这种单向关注的特点使“微博”用户可以拥有较大规模的粉丝群。

3. 信息发布的差异

在“微博”中，信息的发布是公开的，你发布的消息，无论是否为关注你的网友，都可以看到。这个特点使“微博”的信息传播效率得到提高。对于感兴趣或容易引起大众关注的问题，可以在很短时间内得到扩散，这也就导致了信息的私密性差。

在“微信”中，信息的发布是私密的，通常为一对一的信息发布，即A发给B的信息，只有B能看到。通过群聊、朋友圈等功能，可以将信息发出让较多的网友看到，但都只是互加为好友的网友才能看到。由于粉丝基数小，信息的传播效率就比较低，但沟通效率高。这就导致信息的私密性强。

关于“微博”私密性差这个特点，也有不少人闹出笑话，在“微博”中发布自己的隐私信息，引起社会上的广泛关注。

4. 时效性方面的差异

“微博”是一个信息发布的平台，偏重于信息的发布，而不太关注与网友的实时沟通，通常粉丝看到的信息并不同步，粉丝通过主动刷新所关注对象的方式获取最新信息。而“微信”则偏重于实时性的沟通，通常是双方在线聊天，通过公众平台也可以将信息推送给网友。

微博	微信
开放信息平台	封闭社交平台
基于兴趣	基于关系
多对多	一对一
单向关注	双向关注
信息传播快	沟通效率高
私密性差	私密性强
非实时性	实时互动
粉丝基数大	粉丝基数小

从以上对比可看出，“微博”、“微信”各有特点，在进行营销时可借助各自的长处，两者结合使用，使营销效果达到最佳。

“微信”可以弥补“微博”中深度沟通的问题，而“微博”的快速传播特性也可以让“微信”中互动的内容进一步扩散。

1.3 微信曾经的对手

在国内的社会化媒体（特别是基于移动终端的相关软件）发展过程中，大部分高科技公司都是在2010年末开始介入这个领域的，经过两三年的发展，回头来看，曾经一拥而上的局势，到现在已经逐渐水落石出了。下面简单介绍一下微信曾经的竞争对手之所以说曾经是竞争对手，是因为微信已经将它们远远地甩在后面了。这类应用，主要是看用户群的大小，现在风头正劲的当然是微信，用户已突破 3 亿，这是其他类似应用无法匹敌的。

1.3.1 小米的米聊

米聊是小米科技于 2010 年 12 月推出的一款支持跨手机操作系统平台、跨通信运营商的手机终端免费即时通讯工具，通过手机网络（wifi、3G、GPRS），可以跟你的米聊联系人进行实时的语音对讲、信息沟通和收发图片。图 1-6 是米聊的启动界面。

图 1-6 米聊的启动界面

米聊的特点如下：

- 完全免费的通信文件，让你从此不用为打字难而烦恼。
- 可以多种网络互连，即时三网互连，放心使用。
- 是跨时代的沟通方式，集语音、短信、图片于一身！只要手机能上网就可以玩，目前支持 Android、iPhone、Symbian（S60v3、S60v5）平台。
- 真正地随时随地与朋友分享所见所感。
- 支持自定义个性头像，可以选择自己的形象照片为头像。
- 跟踪最新的信息收看情况，不必为收不到信息烦恼。

提示 由于用户体验及公司既有用户群体等原因，米聊的用户群远远落后于微信。截止到2012年7月底，米聊注册用户为1700多万。

1.3.2 盛大的KiKi和有你

KiKi 是盛大网络发布的智能手机社交工具，可基于本地通讯录，直接建立与联系人的连接，并在此基础上实现免费短信聊天、来电大头贴、个人状态同步等功能。

注意 盛大的KiKi推出没多长时间就停止更新了，目前盛大的KiKi官方网站已经停止访问。而另一方面，盛大推出了另一款名为“有你”的手机应用。

盛大有你（Youni）和 KiKi 是两个完全不同的产品，KiKi 只是在线聊天工具，有你（Youni）则是综合了短信信息的一个移动 IM 产品。而盛大也在其内部建议卸载 KiKi 客户端。图 1-7 所示是“有你”的 Logo，图 1-8 所示是“有你”发送文件、图片、文字、声音文件的界面。

图 1-7 “有你”Logo　　图 1-8 “有你”发送信息的界面

盛大有你是一款比系统短信更好用的免费短信工具，通过网络可以与移动、联通、电信，甚至国外用户产生联系，可以免费收发消息、图片、语音和贺卡等信息。

1.3.3 开心网的飞豆

飞豆可以跨平台、跨运营商使用，在同类产品中耗电量最低、流量消耗最小。飞豆产品是介于手机与 IM 之间的通讯工具，支持客户端注册，开心网用户可以直接使用飞豆，同时支持邀请本地通讯录联系人，方便找到好友，与好友保持紧密联系。

目前，飞豆支持iPhone、Android、S60v3、S60v5等多种系统平台。

飞豆主要具有以下功能：

- 聊天功能：随时随地与好友保持联系，支持群发群聊。
- 图片功能：可以拍照上传或者从相册里边选择图片上传，图片以缩略图形式出现在聊天对话中，图片可以转发。
- 私密收件箱：私密收件箱作为一个单独功能出现在导航栏，需要密码才能查看，私密收件箱内的新消息不进行提示。

图 1-9 所示是飞豆的启动和登录界面。

图 1-9　飞豆的启动和登录界面

1.3.4 陌陌

“陌陌”是北京陌陌科技有限公司于2011年8月推出的一款基于地理位置的移动社交产品。通过陌陌手机客户端，可以认识身边的人，与熟悉或陌生的朋友打招呼、聊天。

陌陌是基于iPhone和Android的手机应用，有别于其他一些手机社交软件。通过陌陌可以提供真实的位置信息，解决了以往社交软件过于虚幻、缺乏真实的线下互动的问题。

陌陌主要具有以下特点：

- 独特的社交模式：根据GPS搜寻和定位你身边的陌生人和群组，高效快捷地建立联系，节省沟通的距离成本。
- 免费的信息传递：你可以方便地通过陌陌免费发送短信、语音、照片及精准的地理位置，与TA进行各种互动。
- 体贴的递送状态：即时了解信息送达的状态，“送达、已读”等提示能让你及时掌握信息是否被对方看到。
- 丰富的个人资料：你可以在资料页存放八张照片，以及签名、职业、爱好等等，增进别人对你的了解。
- 全面的隐私保护：可以随时把你讨厌的人拉入黑名单，还可以对TA的不良行为进行举报，并且有多种隐身模式。

提示

2012年8月1日，陌陌上线一周年，用户突破1000万，日活跃用户220多万，周活跃用户接近500万，每天发送的信息量超过4000万条。2013年3月12日陌陌科技CTO李志威在其微博上暗示陌陌用户量已过3000万。其微博原文为：“三千万用户，记录一下。”

如图1-10所示是陌陌的Logo和使用界面。

图 1-10　陌陌的 Logo 和使用界面

1.4 快速发展的微信

2013 年 1 月 15 日晚，腾讯微信宣布已达到 3 亿用户，距 2011 年 1 月 21 日第一个微信版本的发布，耗时不到两年。在 2013 年的广州互联网大会上，马化腾曾经表示 2012 年微信只做了三件事：微信开放平台、二维码服务和公共账号。图 1-11 所示是“微信”所发的微博，提到了用户已达到 3 亿。

腾讯最大的特色就是人多，根据公司2012年财务报告显示，QQ的月活跃账户于2012年底达7.98亿，最高同时在线账户达到1.76 亿。这么大批量的注册用户就是微信可以转化的用户。

经过一段时间，QQ 用户转化为微信用户的数量不断增多。很多 QQ 用户或非 QQ 用户都会收到朋友的短信：“加我微信！”这就比其他同类软件具有了更大的推广优势。并且从 QQ2011 Beta4 版开始，腾讯 QQ 不仅为微信用户推出了特有的图标，还通过微信在线的状态告知 PC 或手机端用户，可与这些好友微信联系，提供了很好的用户黏度。

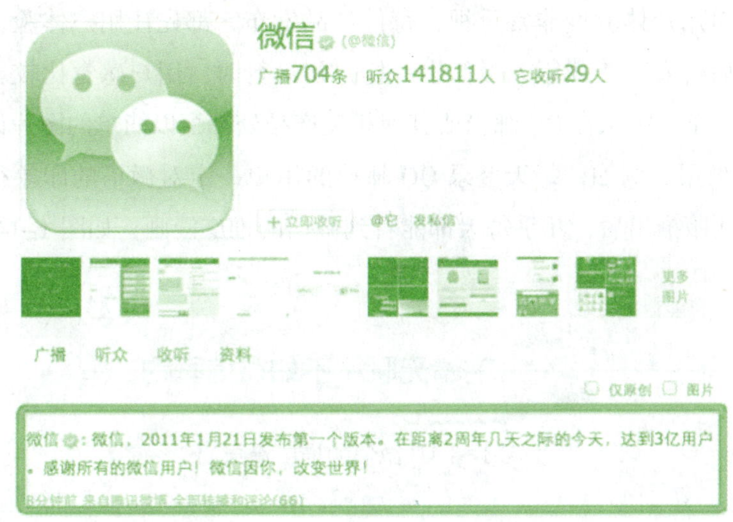

图 1-11 “微信”所发的微博

图 1-12 所示是 QQ 用户信息面板中点亮的微信图标，若 QQ 用户开通了微信，则该图标处于点亮状态。图 1-13 所示是 QQ 好友列表，若某位 QQ 好友登录了微信，则该好友的图标右下角将显示一个微信的小图标。

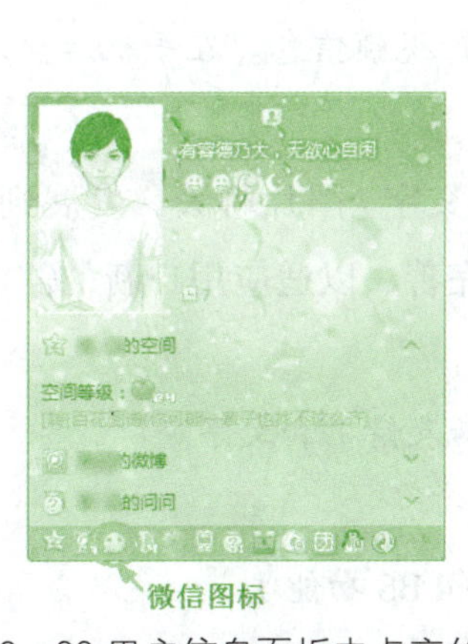

图 1-12 QQ 用户信息面板中点亮的微信图标

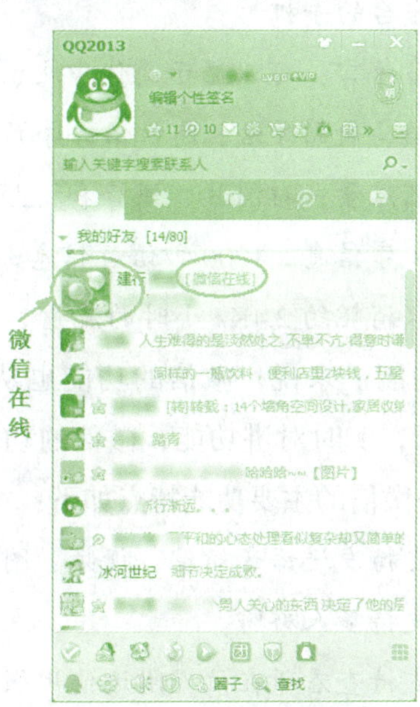

图 1-13 QQ 好友列表

腾讯对用户体验度非常重视，每件产品发布，都先让用户体验，提交建议，改进后再发布正式版。微信也一样，初运行时，用户感觉比较新鲜，但不太会用。于是腾讯在QQ邮箱或其他相关产品处都配以简单的图片说明，使微信不再难用。例如，每天登录QQ邮箱的用户一定对微信的印象很深，自从微信正式版推出后，几乎每天都能看到微信的推广漫画，如图1-14所示。

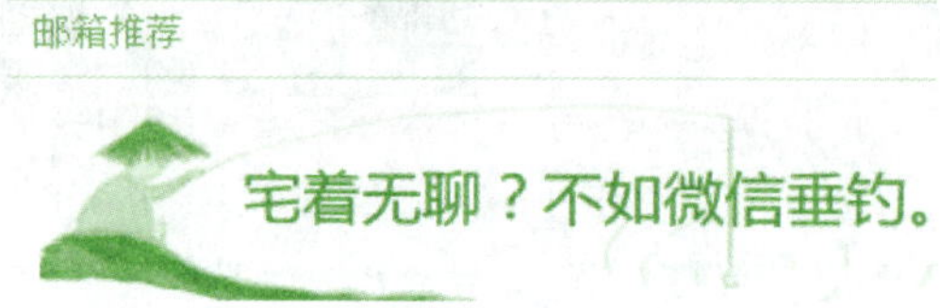

邮箱推荐

宅着无聊？不如微信垂钓。

图1-14　微信的推广漫画

微信从2011年1月21日发布第1版以来，到2013年2月初，又先后发行了20多个版本，每个版本都在进步，都在推出新的功能。

总结一下，微信主要具有以下特点：

- 多平台：支持Android、iPhone、Windows Phone、Symbian、Blackberry平台的手机。
- 多语言：可以显示简体中文、繁体中文、英文、泰语、印尼语、越南语、葡萄牙语、阿拉伯语等界面。
- 省流量：对图片、语音和视频进行了优化，1M流量可发送约1000条文字信息，1000秒语音信息，约1分钟视频信息。在手机后台运行时只消耗约2.4K/小时的流量。

从功能上来说，微信的功能也从最初的文字/图片聊天，发展到语音、视频聊天，实时对讲功能，微信的功能不断完善，以适应用户新的需求。总结起来，微信的主要功能特点如下：

- 支持发送语音短信、视频、图片（包括表情）和文字。
- 支持多人群聊。
- 支持查看所在位置附近使用微信的人（LBS功能）。
- 支持腾讯微博、QQ邮箱、漂流瓶、语音记事本、QQ同步助手等插件功能。

- 支持视频聊天。
- 支持多人实时语音聊天。
- 微行情：支持及时查询股票行情。
- 实时对讲机功能。
- 朋友发来的位置可以导航。
- 提供公众平台，帮助个人或企业进行业务推广。

注意 以上是微信发布到版本号为4.5时的主要功能，根据微信两年来的开发过程，其功能还会不断扩展和增强。

微信用户数也是不断快速增长。2012 年年底，就有外媒预测其用户数量在三年内将达到 4 亿，在笔者看来，这个数字应该很快就会达到，要不了三年时间。

1.5 微信的超强功能

通过上一节可了解到，微信的功能很强大。可是，微信具体有些什么功能？下面我们通过实际操作界面了解一下。

1.5.1 免费的短信、彩信

微信最初的功能就是可以发送免费短信和彩信，这个功能使国内几大电信运营商的短信、彩信业务受到很大的冲击。

其实，这里所说的短信就是微信用户之间的实时聊天。而在微信中，除了文字聊天之外，还可以向对方发送图片、语音、视频等内容，这就相当于传统的彩信功能。图 1–15 所示是文字聊天的内容，图 1–16 所示则是在聊天中发送了图片。

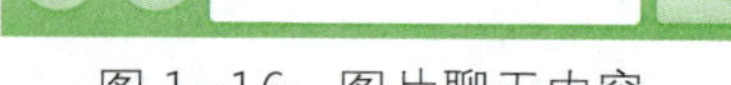

图 1-15　文字聊天内容　　图 1-16　图片聊天内容

技巧 在聊天窗口中，如果对方发送的是图片，通常只显示一个缩略图，触摸缩略图就可看到大的图片，图1-17所显示的是图1-16的大图。

图 1-17　图 1-16 的大图

1.5.2 无距离限制的对讲机

通常的对讲机是有距离限制的，大部分对讲机的有效距离为 1~2 公里，超过这个距离就接收不到信号了。

现在好了，使用微信的“实时对讲机”功能，就没有这个限制了，只要手机有信号，就可实现对讲。在实时对讲机中，按下屏幕中那个大的按钮就可以说话，对方就可以听到说话声（如图 1-18 所示）。松开按钮就是收听状态（如图 1-19 所示），即使手机处于锁屏状态也可听到对方讲话的声音。

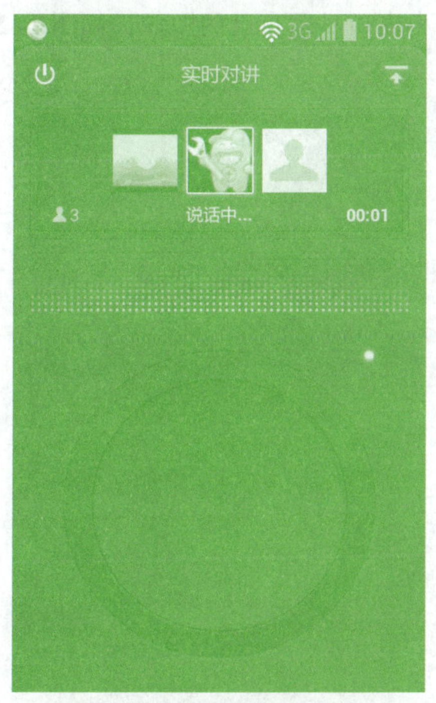

图 1-18 说话状态

图 1-19 收听状态

1.5.3 免费的视频电话

视频电话是 3G 网络刚在国内推广时的最大卖点，不过时至今日，电信运营商的视频电话仍然没有得到大量应用，这其中既有网络速度慢的原因，又有其费用比普通音频电话高的原因，几大电信运营商的可视电话资费都在每分钟 0.60 元以上。

自从有了微信的视频聊天功能后，用户就可享受免费视频通话了。当对方发送视频聊天请求时，自己的手机中将显示“邀请你进行视频聊天……”的提示，同时还将会有手机铃声提示，如图 1–20 所示。

提示 微信的视频聊天功能与QQ视频聊天功能类似，只是将电脑中的视频聊天功能转移到手机中了。有QQ使用经验的用户会感觉很熟悉。

触按“接听”按钮，就可进行视频聊天了。在视频聊天时，手机屏幕将显示对方的视频信号，右上角有一个小窗口显示自己的图像，如图 1–21 所示。

图 1–20　视频聊天申请

图 1–21　视频聊天界面

1.5.4　共享QQ好友

前面也多次提到，微信与其他类似手机应用相比，最大的优势就是 QQ

已具有了几亿的用户规模，微信可以很好地转化这些 QQ 用户。对用户来说，微信能有效地使用原来的 QQ 好友，也是一件非常好的事情。

提示 如果使用其他类似手机应用，还需要与原来的好友逐个联系，然后再添加到现在的应用，这是一件非常繁琐的事情。而且，某些商务客户还不好联系。

现在好了，微信可以共享 QQ 好友。在微信的“添加朋友”中专门设置了一项“从 QQ 好友列表添加”的功能（如图 1–22 所示），可以很方便地查看到已开通微信的 QQ 好友（如图 1–23 所示），并可方便地将这些 QQ 好友添加为微信好友。

图 1–22　从 QQ 好友列表添加朋友

图 1–23　已开通微信的 QQ 好友

1.5.5　千米寻友

微信提供 LBS 功能，通过微信的“附近的人”功能，就可以找到附近 1000 米左右的微信用户。微信通过这个功能改变了人们的交友方式。

提示

Location Based Service（简称LBS）中文全称是“基于位置的服务”，可理解为“移动定位服务”。它是通过运营商的无线电通讯网络（如GSM网、CDMA网）或外部定位方式（如GPS）获取移动终端用户的位置信息（地理坐标或大地坐标）。

如图1–24是使用“附近的人”功能时显示的提示信息，图1–25所示是“附近的人”的列表，在列表中还列出了这些微信好友与用户现在所处位置的距离。

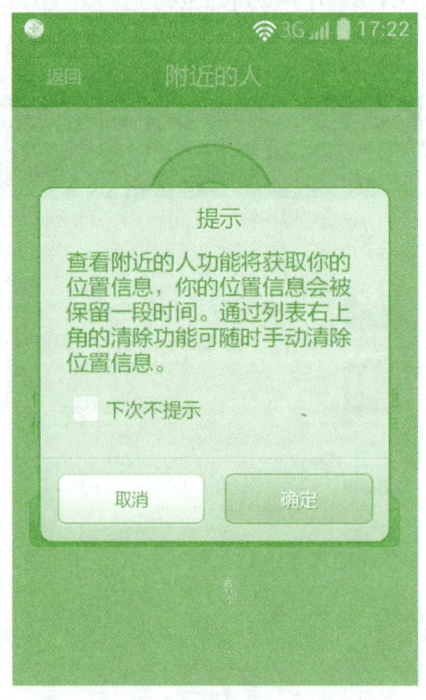

图1–24　使用“附近的人”功能的提示

图1–25　“附近的人”列表

1.5.6　群聊：与朋友们一起交流

微信另一个常用的功能就是群聊。利用这个功能，可以将一些具有相同兴趣或相同话题的网友组成一个群，然后在一个群中聊天、共享话题。在群聊中既可以发送文字、图片等信息，也可以发送语音、视频等信息。

例如，可以将公司做同一项目的同事组成一个群，在群中讨论项目的相关事项。

注意 目前，普通微信群可以加入40个好友，若要组建更大的群，则需要用微信的内测账号。

如图 1-26 所示是在“联系人”中选择要加入群中的好友，图 1-27 所示是组建群后的群聊界面。在群聊时，群中的成员既可以发送文字、图片信息，还可以发送语音、视频信息。必要时还可以打开实时对讲功能进行多人实时语音对讲。

图 1-26　加好友入群

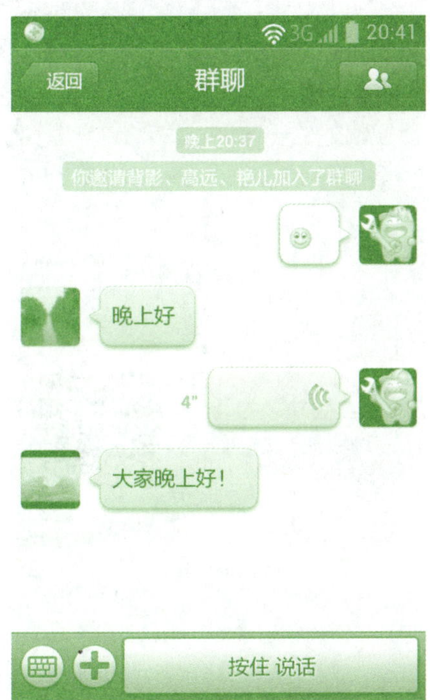

图 1-27　群聊界面

1.5.7　E版会员卡

微信会员卡是基于腾讯公司的各种产品延伸出来的最新产品，通过微信会员卡让更多线下与线上用户享受移动互联网的便捷，获得实惠和特权，同时帮助商家与企业建立广泛用户的关系，搭建丰富媒体的互联网信息通道。

商家通过微信公众平台账号后台设置二维码内容，让用户扫描二维码成为会员，“一卡易”实现微信会员和店面原有会员的统一管理，会员消费打折照样有数据记录可以查询。

技巧

对于会员来说，无需携带会员卡，会员卡保存在手机中；刷卡或刷手机识别会员身份；自助查询积分和消费记录，自助兑换礼品；可以反馈意见建议，预约场地或服务，查看最新优惠信息。

如图 1–28 所示是某企业使用微信会员卡做的营销广告。

图 1–28　微信会员卡广告

1.5.8　了解朋友圈的动向

朋友圈是微信 4.0 版本最重要的更新。这个类似于 Path 的应用有效促进了微信的图片分享能力。

在微信之前的版本中，语音对讲、视频传输及推荐附近用户的功能很引人注目。而4.0之后，我们能明显地看出，微信4.0在照片交互方面有了大幅度的加强。

如图 1-29 所示是“朋友圈”选项，图 1-30 所示是朋友圈的界面，可看到自己或朋友发送的图片及对图片的点评等信息。

图 1-29 “朋友圈”选项

图 1-30 朋友圈界面

1.5.9 营销主战场：微信的公众平台

微信公众平台是腾讯公司在微信的基础上新增的功能模块，通过这一平台，个人和企业都可以打造一个微信的公众号，并实现和特定群体的文字、图片、语音的全方位沟通、互动。

结合微信的消息群发功能，微信公众平台的主要功能的定位如下：

- 群发推送：公众号主动向用户推送重要通知或趣味内容。
- 自动回复：用户根据指定关键字，主动向公号提取常规消息、FAQ。
- 1 对 1 交流：公众号针对用户的特殊疑问，为用户提供 1 对 1 的对话解答服务。

图 1-31 是微信公众平台的网页登录界面。

图 1-31　微信公众平台的网页登录界面

1.5.10　定制自己的App

通过微信的开放平台可以定制自己的 App。通过它，可以编写程序让微信帮你将内容分享给好友。

技巧 微信开放平台为第三方移动程序提供接口，使用户可将第三方程序的内容发布给好友或分享至朋友圈，第三方内容借助微信平台获得更广泛的传播。

例如，“美丽说”是国内最大的女性时尚社区，在微信开放平台上开发了

一个分享功能，可将在“美丽说”网站上看到的好内容分享给微信用户。其操作界面如图 1–32 所示。

图 1–32 “美丽说”分享界面

1.6 微信营销的优势

近年来，社交网络 SNS（Social Network Service）的发展引人注目。目前，约有一半以上的中国网民通过社交网络沟通交流、分享信息，社交网络已成为覆盖用户最广、传播影响最大、商业价值最高的 Web 2.0 业务。

社交网络在人们的生活中扮演着重要的角色，它已成为人们生活的一部分，并对人们的信息获得、思考和生活产生不可低估的影响。社交网络成为人们获取信息、展现自我、营销推广的窗口。

市场营销的目的通常有以下两个：

- 将产品价格卖得“更高”。
- 将产品数量卖得“更多”。

要想将产品卖得更多、价格卖得更高，首先需要有更多的人知道自己的产品、了解自己的产品，这就是营销需要做的工作。

广告宣传是营销的一种主要手段，可以看到，每年中央电视台的广告招标都是人潮汹涌，这就是企业重视营销的一个表现。

现在使用SNS进行营销的企业越来越多了。微信作为一种社交软件，也具有营销推广的功能。普通人还仅仅在利用它进行聊天交友时，一个新型的网络营销方式已经应运而生，并且已有不少的企业和个人从中尝到了甜头，发展前景也非常值得期待，那么相对于一些传统的网络营销，微信营销又有着哪些优势呢？

1.6.1 1对1 OR 1对*N*

1对1可以针对每个客户创建个性化的营销沟通。该过程的首要步骤是进行客户分类（例如根据需要，基于以往行为等），从而建立互动式、个性化沟通的业务流程。因此，1对1营销又叫关系营销、客户关系管理（CRM），就是商家能根据客户的特殊需求来相应调整自己的经营行为。这些特殊需求可能是客户主动提供的，也可能是商家主动从各种各样的渠道搜集到的。

普通的广告营销手段都是广而告之的方式，即只管发布，不管接收方（通常为预期的客户群体）是否接收，有什么反馈信息。这种方式可以理解为是“1对*N*”的关系。对于这种方式，由于发布信息的企业都很泛泛，接收方会有一种抗拒心理。就像在逢年过节时的群发祝贺短信，大家收到时是什么感觉呢？

而微信的主要特点就是“1对1”，对于这种类似于“当面锣，对面鼓”的交流，人们从心理上是接受、并信任的。因此，微信的这种营销优势是其他传统营销模式、互联网营销模式、移动互联网营销模式都无法相比的。

在与客户互动方面，虽然前些年火热的博客营销也与粉丝互动，但并不及时，除非你能天天守在电脑面前，而微信就不一样了，微信具有很强的互动及时性，无论你在哪里，只要你带着手机，就能够很轻松地同你未来客户进行很好的互动。

1.6.2 庞大真实的受众

从微信注册用户在两年多时间里就达到3亿来看，微信已经成了当下最火热的聊天工具。而且，随着智能手机的普及，微信用户群还将继续扩大。

与微博的粉丝中存在着太多的无关粉丝，不能真真实实地为你带来几个客户相比，微信的用户一定是真实的、私密的、有价值的。

曾有媒体这样比喻“微信1万个听众相当于新浪微博的100万粉丝”。

这些庞大、真实的用户群，将是企业营销中最大的资源。要知道，很多企业为了获取真实有效的客户资源，需要投入大量的人力、物力，而在微信中，这些都是免费的！至少目前是免费的！

1.6.3 谁能做微信营销

谁能做微信营销呢？

这一方面是没有限制的，任何人（不管是企业还是个人）都可以通过微信进行营销工作。这对于处于创业期的个人、微小企业真是个好机会，要知道，这些都是免费的。

微信营销的方式也有很多种，从微信名字、头像、个性签名等项，到漂流瓶、二维码、位置信息，再到微信的公众平台，都可作为微信营销的手段。

在做微信营销前，需要了解以下几项：

- 要分析自己的产品是否适合使用微信营销工具，并不是所有产品或品牌都适合做微信营销。一定要分析自己的产品或品牌有哪些特点，是否能借助微信将这些特点放大。
- 要了解微信的特点，针对其特点制作（或调整）营销方案。

1.7 微信为O2O而生

经过近几年的快速发展，现在互联网的重心已逐步转移到电子商务。那些没有与电子商务进行有效链接的应用正在逐渐被人们抛弃，Facebook的股价大跌就是一例。现在电子商务的模式有很多，但最为大家所热衷的就是O2O。那么，什么是O2O？ O2O有什么特点？为什么说微信是为O2O而生？

1.7.1 什么是O2O

所谓O2O，是Online To Offline的缩写，就是将线下商务的机会与互联网结合在一起，让互联网成为线下交易的前台。这样线下服务就可以线上揽客，消费者可以线上筛选服务，还有成交也可以在线结算。

其实O2O模式，早在团购网站兴起时就已经开始出现，只不过消费者更熟知团购的概念，团购商品都是临时性的促销，而在O2O网站上，只要网站与商家持续合作，那商家的商品就会一直“促销”下去，O2O的商家都具有线下实体店，而团购模式中的商家则不一定。

O2O模式需具备四大要素：独立网上商城、国家级权威行业网站认证、在线网络营销推广、全面社交媒体与客户在线互动。

如今采用O2O模式经营的网站已经有很多，消费者不一定需要到线下进行消费，另外还有一种为消费者提供信息的网站，如赶集网、爱邦客等，还有就是最近兴起的房地产网，如搜房网、房道网、百度乐居等。

O2O的优势在于把线上（网上）和线下（网下）的优势完美结合。通过网购导购，把互联网与地面店完美对接，实现互联网落地。让消费者在享受线上优惠价格的同时，又可享受线下贴身的服务。同时，O2O模式还可实现不同商家的联盟。

1.7.2 O2O与B2C的区别

互联网上的零售服务称为B2C（Business To Customer），也就是面向消费者的电子商务，在过去10多年，电子商务在商品购物上发展迅猛，出现淘宝、京东等，与传统零售类似的网上零售业态。但是，面对生活服务类商品，传统B2C无法满足消费者需求，特别是随着移动技术的成熟，智能手机已经成为个人的延伸，不仅是信息载体，也是身份识别的终端。在此背景下，人们开始尝试把网上生活与线下服务对接，这就引出线上到线下的服务，即O2O。

对比O2O与B2C的侧重点，可以发现这两者之间的区别：

- O2O更侧重服务性消费（包括餐饮、电影、美容、SPA、旅游、健身、租车、租房……）；B2C更侧重购物（实物商品，如电器、服饰等）。
- O2O的消费者到现场获得服务，涉及客流；B2C的消费者待在办公室或家里，等货上门，涉及物流。
- O2O是以服务为主，B2C是以实物商品为主。

1.7.3 微信与O2O

O2O是一种简单的模式，为用户简单地呈现最优秀的产品和服务，这一点非常关键，也是微信和O2O为什么契合的原因。

当微信和O2O整合为一体时，用户通过微信可以得到最简练、最抓人的服务信息和产品信息。因此，微信将成为电商的新入口。

从目前形式上来看，微信在O2O上很有机会，例如已经拥有超过3亿的注册用户、提供了已经普及的二维码扫描入口、推出了微信会员卡。这些都是O2O模式所依赖的基础。

借助二维码，微信试图打破传统线下商家与海量用户之间的鸿沟。

微信的电子会员卡希望打通的是顾客与熟悉的商家之间的关系。这样，生活电商可以变成一个大生意。例如，微信的一个典型使用场景：中午准备吃饭时，只需要对餐馆的微信号说一声“来一份和昨天一样的套餐”，一切就OK了。餐馆的微信中有你的信息，你昨天订的是什么套餐也一目了然。而你在这个过程中也不用去网上搜索餐馆，因为这个餐馆已经在你的微信通讯录中了。可以看出，微信可让商家和老主顾之间保持一种紧密联系。而在商业运营统计的数据中可以发现，老主顾对商家盈利的贡献度最大，因此商家都在想方设法留住老主顾。通过微信，老主顾已经成为你的微信好友。这种联系建立起来之后，可能以前一个月他只来一次，现在你就有机会让他来两次；以前来消费100元，现在你就有机会让他消费200元。

关于微信在O2O上的下一步布局，已经有消息传出：微信“朋友们”页面下，将添加“附近的商家”功能，微信打算以此种方式，结合已经大力发展的“微信会员卡”业务，来和商家进行更加深度的捆绑。

作为现实商业社会的一个客观存在，会员卡绝对是有价值的，几乎每个人都有各种各样的会员卡，但它又是非常讨厌的，那么多会员卡，携带不方便。另外，商家为了促销通常都会发一些下次使用的优惠券。时间长了，这些优惠券也不知道放在什么地方了，下次再去该商家时可能又忘记带了，这些都很不方便。使用“微信会员卡”，再也不用带那么多会员卡、优惠券，只需要手机一扫就 OK 了。

而在商家这边，微信给了他们一个机会去数字化用户，通过“微信会员卡”知道用户是谁、在哪里，为其精准营销提供了便利性。目前微信电子会员卡的品牌商家已经超过 1000 个，涵盖餐饮、旅行、服装、商城、娱乐等众多行业。

在 O2O 中，顾客与商家之间的沟通也是非常重要的，在微信中这种沟通是非常方便的。但是，商家应该非常谨慎并且精细地与用户进行沟通，关键是要“言之有物”，千万不要说些不着边的事，沟通要合时宜，否则会被用户抛弃。

1.8 微信收费和流量的问题

那些刚开始使用微信的用户，总会有很多疑问，如收费问题、流量问题等，本节简单列出一些常见疑问，并对其进行解答。

1.8.1 微信收费吗?

这是大家最关注的问题，微信收费吗?

根据微信官网的说法，微信是完全免费的，使用任何功能微信都不会收取费用。

注意 在使用微信时产生的上网流量费由网络运营商收取。微信适用的手机网络包括GPRS /EDGE/3G/wifi。

由此可以看出，使用微信只需要支付上网流量费用，并且这个费用是由网络运营商收取的，如果你办理了手机上网流量包月的业务，或者有免费 wifi 使用，就不需要支付任何费用了。

虽然官方是如此说的，但网上还是流传着微信要收费的传闻。因此，关于微信收费的问题，近一年时间来已被媒体炒得相当热了。关于这方面的问题，腾讯公司也进行过多次辟谣。例如在 2013 年 3 月 15 日，网络上有以下报道：

昨日一则关于微信即将收费的消息迅速在网上流传。该报道称，微信的发展已经妨碍了运营商的利益，所以国内三大运营商已与腾讯就如何收费问题展开谈判。而最初的设想包括，对于微信，一是必须按用户收费，而不能再笼统地收取带宽租赁费；二是不再提供不限流量包月费。对于用户，可以不向低套餐的用户提供相关业务，例如英国运营商 Vodafone 规定每月资费套餐在 40 英镑以下的用户不允许使用 VoIP（网络电话），若想使用须每月缴纳 15 英镑，从而有效阻止了低端客户对 VoIP 的使用。

对此，腾讯针对收费的传言给予了否认。2012 年 7 月腾讯推出微信 4.2 版，增加了视频和语音通话功能，并在今年 2 月推出实时对讲机功能，使得业界一致认为微信与三大运营商的关系比较紧张。对此，腾讯回应称："我们的目标是跟运营商共赢，一起在无线互联网时代提供更多的增值业务给用户，而不是在基础通讯服务上分一杯羹。我们有很多独特的增值内容和服务，是可以为运营商提高用户的忠诚度和 ARPU（每用户平均收入）的。在梦网时代，我们已经是运营商的紧密

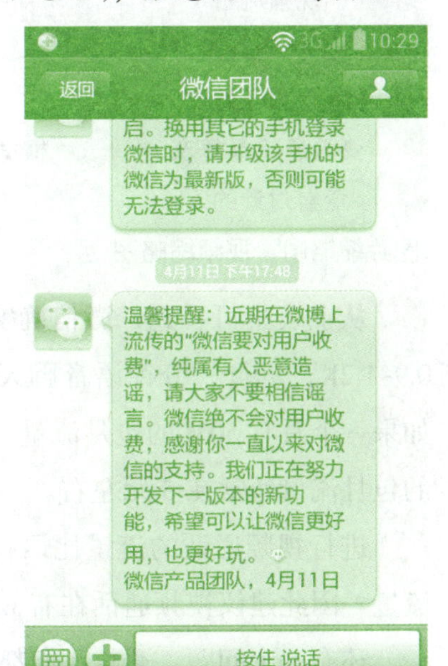

图 1-33 微信辟谣

合作伙伴，在新的无线互联网时代，合作的空间更大。”

微信团队不仅在网站中进行辟谣，还针对微信用户发送了如图 1-33 所示的信息，说明“微信绝不会对用户收费”。

1.8.2 玩微信会消耗多少流量?

虽然微信不会收取用户的使用费，但在使用微信的过程中，用户需要支付网络流量费用。那么，微信会消耗多少流量？这又成为用户比较关心的问题了。

微信是目前最省流量的手机通讯软件，具体所耗的流量可以参考下表中的内容。

<table>
<tr><th colspan="2">各类型消息流量</th></tr>
<tr><td>语音流量</td><td>0.9~1.2K/ 秒</td></tr>
<tr><td>文字流量</td><td>1M 可发约 1000 条文字消息</td></tr>
<tr><td>图片流量</td><td>根据原图质量压缩至 50~200K/ 张</td></tr>
<tr><td>视频流量</td><td>根据原视频质量压缩 20~30K/ 秒</td></tr>
<tr><td>上传通讯录</td><td>2K/100 人</td></tr>
<tr><td>查看 QQ 好友</td><td rowspan="3">根据对方的个人信息完整程度决定，下载后会缓存</td></tr>
<tr><td>查看通讯录好友</td></tr>
<tr><td>查看附近的人</td></tr>
<tr><td>图片缩略图、视频缩略图</td><td>3~5K/ 张</td></tr>
</table>

从上表中可看到，微信确实很省流量。例如，使用语音时每秒的流量为 0.9~1.2K，进行一分钟语音聊天需要使用的流量约为 70K，一小时约 4200K。如果一个月有 50M 的包月流量，则可进行 10 多个小时的语音聊天了。而 50M 的包月流量通常在 5 元左右。

进行视频通话的流量比语音要大，约为语音的 20 倍，一分钟约需 1M 的流量。因此建议视频通话在有 wifi 信号的地方使用。

还有一个问题，通常我们都是将微信程序一直挂在手机的后台运行，这样才能方便朋友随时找到我们。那么，在后台挂微信程序消耗的流量是多少呢？

提示 微信有着精心设计过的通信协议，在后台运行时仅消耗极少流量，每小时大约消耗流量2.4K，一个月消耗约1.7M流量。因此从前台退出时建议选择后台运行，以保证及时收到微信消息。

下表是微信在前台或后台运行时，在各种不同手机平台中所需消耗的流量。

运行方式	网络方式	iPhone 平台	Android 平台	S60 平台
前台运行（每小时）	net	2.4K	2.4K	2.4K
	wap	无	60K	60K
后台运行（每小时）	net	无	2.4K	2.4K
	wap	无	3~15K	3~15K

微信自身带有流量统计的功能，用户可以在其中查看所消耗的流量，图 1-34 所示是微信的“流量统计”，其上方显示了“移动网络消耗的流量”（指 wap/net 等方式），下方显示的是“无线局域网消耗的流量”（通常指 wifi 方式）。

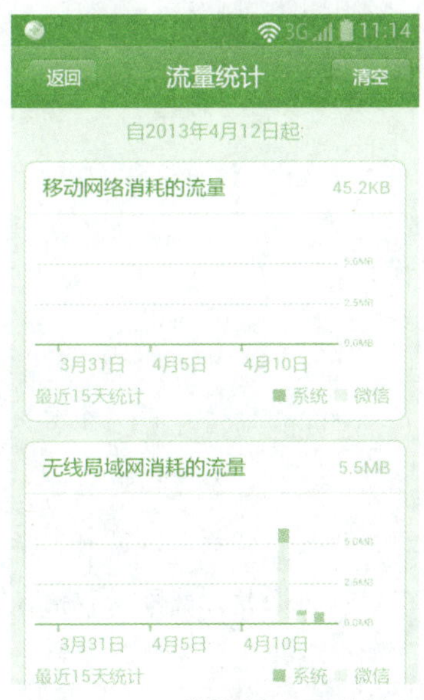

图 1-34 微信的流量统计

第2章

营销第一步：在手机中安装微信

在使用微信进行营销时，第一步当然是在手机中安装该应用了，然后注册微信账号，就可以营销自己的产品了。当然，对于产品、品牌的营销，微信还提供了一个公众平台，这也是企业必不可少的营销工具，因此，还需要注册一个公众平台账号。

2.1 你的手机支持微信吗？

微信能安装在哪些类型的手机上呢?

图 2-1 所示是微信官网中列出的支持手机品牌，可以看出，市面上绝大部分品牌的手机都支持微信应用，如苹果、HTC、摩托罗拉、诺基亚、索爱、三星、Google、LG、宏基、华为、联想、中兴、飞利浦等。

图 2-1　微信支持的品牌

> **注意** 即使你的手机品牌未在上面显示出来，也不一定就不能使用微信。微信是按照智能手机所使用的软件平台来区分的。就如同电脑中有Windows操作系统、Mac操作系统、Unix操作系统、Linux操作系统类似，现在智能手机也有很多不同的操作系统。

微信支持智能手机中的 iOS、Windows Phone、Blackberry、Android 和 Symbian 平台，只要智能手机是这些平台的，都可以使用微信。在微信官网中针对不同平台发布了相应的版本。

- iOS 平台：微信可以安装在 iPhone、iPod touch、iPad 设备上。但需要 iOS 4.3 或更高版本。目前针对 iOS 版本的微信最新版是 4.5。
- Android 平台：微信可以安装在使用 Android 系统的设备上，包括手机、平板电脑等移动设备。需要 Android 1.5/1.6 或更高版本。目前针对 Android 平台的微信最新版本是 4.5。
- Windows Phone 平台：微信可以安装在使用 Windows Phone 系统的手机中，目前支持 Windows Phone 7 和 Windows Phone 8 这两大类系统。对于其他 Windows 类平台则不支持，如使用 Windows 7、Windows 8 的平板电脑现在还不能安装微信。目前针对 Windows Phone 平台的微信最新版本是 4.0。
- Symbian 平台：微信可以安装在使用 Symbian 平台的设备上。目前使用 Symbian 系统的手机以诺基亚系列手机为主。在 Symbian 平台中又分两个版本，分别是 S60v3 和 S60v5。目前针对 Symbian 平台的微信最新版本为 4.2。
- BlackBerry 平台：微信还可以安装在 BlackBerry（黑莓）手机上，支持系统版本为 OS5/OS6/OS7。目前针对 BlackBerry 平台的微信最新版本为 2.0。

图 2-2 所示是各类平台的代表手机，图 2-3 所示是 iOS 平台和 Android 平台平板电脑的代表机型。

图 2-2　各类平台的代表手机

图 2-3　iOS 平台和 Android 平台平板电脑的代表机型

2.2 将微信安装到手机中

要在手机、平板电脑等智能移动设备中使用微信，首先要将其安装到这些设备中，而要安装这个应用，又必须先将其下载到设备中，然后才能进行安装。

2.2.1 在哪里能下载微信

微信的下载渠道很多，既可以通过电脑下载，也可以通过手机下载。

通过电脑接入互联网，很多下载站点都提供有微信的下载链接。可通过微信官方网站 http://weixin.qq.com 下载不同手机的版本。打开微信官方网站后，在主页中就可以看到一个很显眼的“免费下载”按钮，单击这个按钮后将显示一个选择操作系统的页面，如图 2-4 所示，根据移动设备的操作系统类型选择，即可进行下载。

从图中可看到，对Windows Phone系统提供了两种版本，同样对Symbian也提供了两种版本，若手机是Windows Phone或Symbian系统，需要进行区分下载。

图 2-4　电脑下载微信

使用手机下载微信的方法也很多，例如，如果手机中安装了二维码扫描软件，可用手机在微信官网扫描二维码进行下载，如图 2-5 所示。

也可以通过发送短信获取下载地址，然后进行下载，不同的营运商需发送不同的短信代码，如图 2-6 所示。

图 2-5　手机通过二维码下载微信

图 2-6　手机通过短信下载微信

注意　发送短信需要给营业商支付短信费用。

作为一款热门的手机应用，微信在各类手机应用商店中也可以下载。如在 Apple 的 App Store、Andorid 的“安卓市场”中都有微信软件下载。

2.2.2　安装到手机

如果在手机中通过应用商店下载微信，下载完成后将提示是否马上安装。

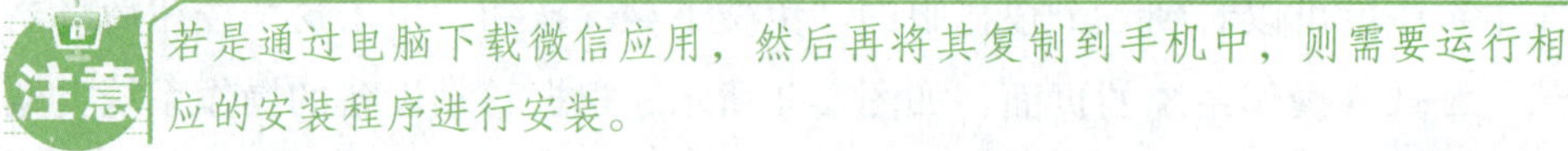

注意　若是通过电脑下载微信应用，然后再将其复制到手机中，则需要运行相应的安装程序进行安装。

微信的安装过程很简单，下面是在 Andorid 平台中进行安装的具体步骤：

（1）下载完成后弹出安装界面，如图 2-7 所示，触按左侧的“安装”按钮即可进行安装，触按右侧的“取消”按钮则退出安装。

（2）接着 Andorid 平台开始进行安装，安装进度显示如图 2-8 所示。

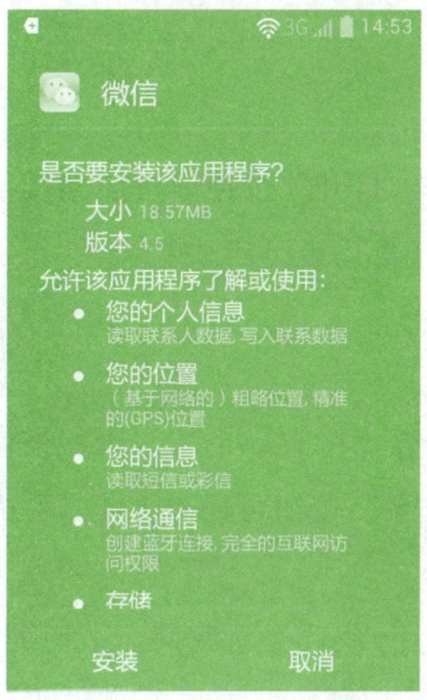

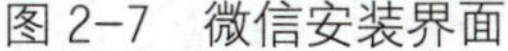
图 2-7　微信安装界面

图 2-8　安装进度显示

（3）安装完成后将显示提示信息，如图 2-9 所示。这时触按“完成”按钮完成微信的安装，若触按“打开”按钮将启动微信。图 2-10 所示是微信启动时的界面。

图 2-9　微信安装完成的提示信息

图 2-10　微信的启动界面

2.3 注册和登录微信账号

在手机中安装好微信应用之后，触按“打开”按钮即可启动微信，或者从手机应用中找到“微信”图标，触按该图标后也可启动微信。

2.3.1 用QQ号登录微信

启动微信后将显示登录界面，在这个界面中有一个“登录”按钮和一个“注册”按钮，如图 2-11 所示。触按“登录”按钮可用 QQ 号、手机号或微信号进行登录。

如果使用 QQ 号登录，可直接输入 QQ 号码和登录密码。下面列出用 QQ 号登录微信的的步骤。

（1）在图 2-11 所示界面中触按“登录”按钮。

（2）在登录界面中输入 QQ 号码和密码，如图 2-12 所示。如果 QQ 号码还未注册过微信，登录密码与 QQ 号的登录密码相同。

图 2-11　微信登录界面

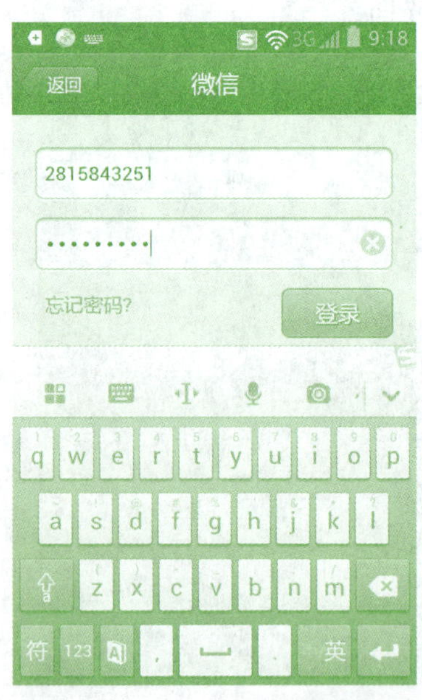

图 2-12　输入 QQ 号码及密码

（3）输入 QQ 号码和密码后，触按“登录”按钮，开始登录。如果首次用 QQ 号登录微信，将出现图 2-13 所示的界面，提示输入验证码。

（4）验证码输入正确后，触按“继续”按钮将显示图 2-14 所示的“填写名字”界面，为微信设置一个用户名。

提示 在这里最好输入真实姓名，方便其他网友辨识。当然，作为企业产品或品牌的微信号，最好设置为该产品或品牌的名称，方便顾客分辨。

图 2-13 首次登录微信

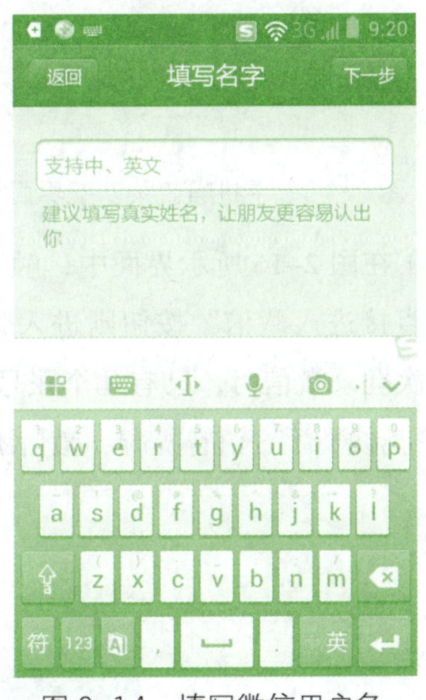

图 2-14 填写微信用户名

（5）输入微信用户名后，触按标题栏右上角的“下一步”按钮，开始在微信中注册该 QQ 号。注册完成后还将显示图 2-15 所示的“手机通讯录匹配”界面，会从手机通讯录中找出已使用微信的朋友。

提示 “手机通讯录匹配”可将手机通讯录中使用微信的朋友找出来，可以快速将这些朋友添加为微信好友。

（6）在图 2-15 中触按“启用”则可进行匹配操作，触按“跳过”按钮则不进行匹配。无论是否匹配通讯录，最后都将显示如图 2-16 所示的微信启动界面（这是微信 4.5 的启动界面）。

图 2-15　手机通讯录匹配界面

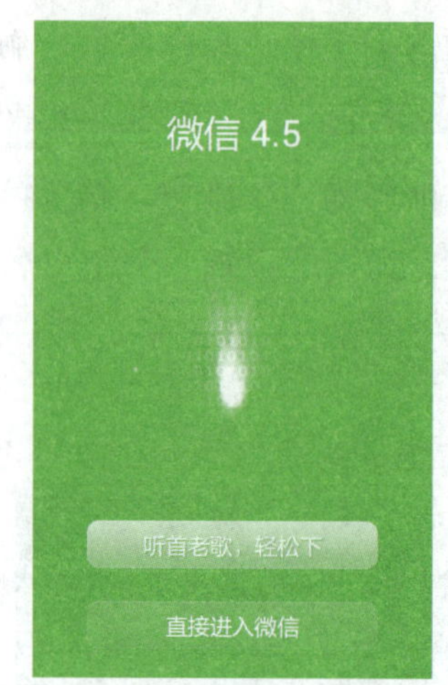

图 2-16　微信启动界面

（7）在图 2-16 所示界面中，触按“听首老歌，轻松下”可听一些老歌，触按“直接进入微信”按钮则进入微信界面，如图 2-17 所示。从图中可看到，首次登录微信时，已有几个账号功能插件的信息发过来了，包括腾讯新闻、QQ 离线助手、语音提醒、微信团队。

提示 “语音提醒”是公众账号，而“腾讯新闻”和“QQ离线助手”是微信的功能插件。

图 2-17　微信界面

2.3.2 注册微信号

如果没有 QQ 号，或者不想用 QQ 号登录微信，则可以单独注册微信号。具体的注册步骤如下。

> **注意** 单独注册微信号时需要用手机号码进行验证，以确保注册用户的真实性。

（1）启动微信后，在图 2–11 所示的界面或登录微信界面中触按“创建新账号”都可注册新的微信号，将显示图 2–18 所示的“填写手机号”界面。

（2）输入自己的手机号，然后触按“下一步”按钮，这时手机将收到腾讯发来的一条短信，短信中有 6 位数字验证码，如图 2–19 所示。

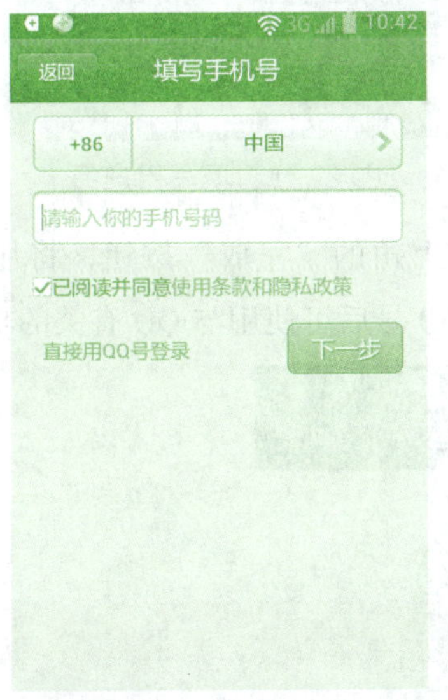

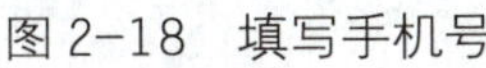
图 2–18　填写手机号

图 2–19　微信的短信验证码

（3）在微信注册界面中，将显示图 2–20 所示的“填写验证码”界面，输入收到的短信验证码。

> **提示** 如果是在图2–18中输入的手机号码与注册微信号的是同一部手机，则将不会显示“填写验证码”界面。

（4）验证码输入正确后，触按“下一步”按钮将显示图 2–21 所示的“填写名字”界面，在其中输入想在微信中显示的名字即可。

图 2-20　填写验证码界面　　图 2-21　填写用户名

（5）设置好名字后，触按标题栏右上角的“完成”按钮，将显示如图 2-22 所示的“绑定 QQ 号”界面，绑定 QQ 号后可使用与 QQ 有关的功能。

图 2-22　绑定 QQ 号

若要绑定QQ号，也可一开始就用QQ号登录微信。

（6）触按“开始绑定”按钮可以与 QQ 号进行绑定，将显示如图 2–23 所示的“验证 QQ 号”界面，在其中输入要绑定的 QQ 号和密码，再触按标题栏右上角的“完成”按钮即可进行绑定。

提示 注册好微信账号后，以后的操作，就与首次用QQ号登录微信时相同了，直接输入微信号进行登录即可。

可以看到，用手机注册微信时，并没有要求用户输入密码，那么下次登录时，凭什么登录呢？因此，当退出微信时，将显示图 2–24 所示的“设置密码”界面，输入好密码后按右上角的“完成”按钮即可。下次登录时输入注册时用的手机号和这里设置的密码即可。

图 2–23　验证 QQ 号

图 2–24　设置密码

2.4 微信公众平台账号不能少

微信公众平台账号主要是面向名人、政府、媒体、企业等机构推出的合作推广业务。在这里可以将品牌推广给上亿的微信用户，减少宣传成本，提高品牌知名度，打造更具影响力的品牌形象。

微信公众号的口号是“再小的个体，也有自己品牌”，足以看出其对品牌推广的重要性。

2.4.1 微信公众平台有哪些功能

微信公众平台有哪些功能？在营销上有什么作用呢？

它的主要功能包括群发推送、自动回复、1 对 1 交流等。

1. 群发推送

企业可利用公众账号主动向用户推送重要通知或趣味内容。在推送消息时，微信公众账号可以通过后台的用户分组和地域控制，有区别地推送消息，实现精准推送。

普通的公众账号，可以群发文字、图片、语音三个类别的内容。

而认证后的公众账号，有更高的权限，能推送更漂亮的图文信息。这类图文信息也许是单条的，也许是一个专题。

图 2-25 所示是“新东方在线”的微信公众账号，图 2-26 所示是该公众账号在“4 月 2 日”推送的信息。

为了预防企业通过公众账号发布大量的垃圾信息，目前微信公众平台的群发规则是：每天只能发送一条信息。

2. 群发助手

由于公众账号不能在手持设备上登录（只能在电脑上登录），为了方便公众号的使用，微信设置公众号可以绑定一个私人微信账号，并可以在私人账号上通过公众号助手（微信号 mphelper，你需要添加 mphelper 为好友）向所有公众号的粉丝群发消息。每次发送消息的时候都会被询问“是否确认发送”，消息提交过程比一般微信号稍慢。

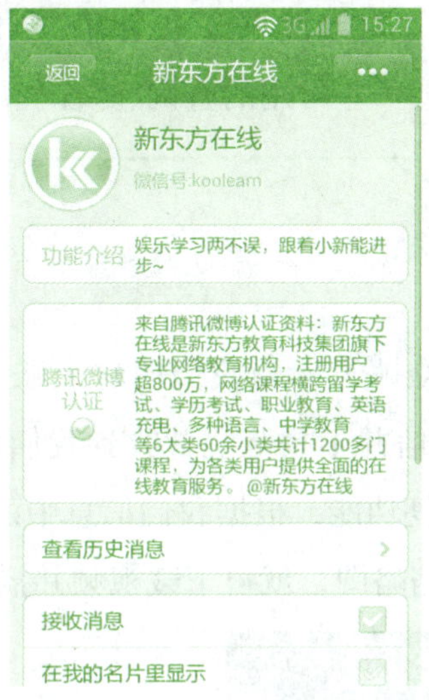

图 2-25 某微信公共账号

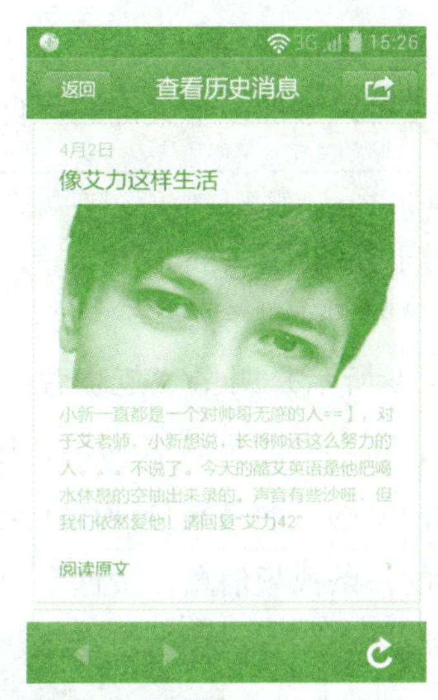

图 2-26 公共账号发送的信息

图 2-27 所示就是微信提供的“公众号助手”，触按“发消息”按钮即可在新打开的界面中输入消息，发送消息以后，将收到“公众号助手”回复的一条信息，这时回复 Y，才能真正将消息发送到各客户的微信号中，如图 2-28 所示。

图 2-27 微信公众号助手

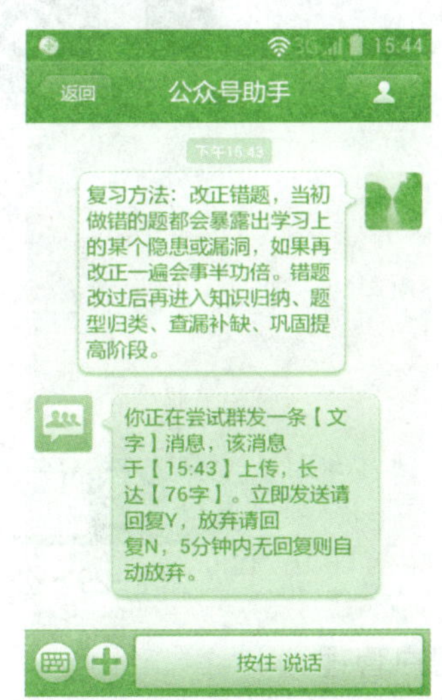

图 2-28 公众号助手发送信息

3. 自动回复

由于微信公众平台采用的是一对多的方式，为了使用户能尽快得到公众平台的回复信息，微信公众平台后台设置了自动回复选项，用户可以通过添加关键词（可以添加多个关键词）自动处理一些常用的查询和疑问。

这个自动回复的功能，可减轻营销时的人力资源占用。不过，自动回复对于非明星类的小媒体或者品牌来说，不是一个好的选择，因为广大客户都喜欢真正交流的乐趣和温暖。

图 2–29 所示是明星“范晓萱”的公众账号，当我们向这个账号发送一条信息时，将马上收到一条回信，这条回信并不是范晓萱收到我们发送的信息后手动回复的，而是充分使用了自动回复功能，根据我们信息中的关键词，自动回复的一条视频信息，按这个视频的缩略图，就可下载视频并播放。

图 2–29　公众账号的自动回复

4. 用户管理

可对关注公众账号的用户进行管理，以方便消息的准确投放。在用户管理中，还可以进行黑名单管理。

5. 素材管理

可根据营销需要，将常用的文字、图片、语音、视频通过网站后台进行添加、管理。在以后发送消息时就可直接发送这些素材。

2.4.2 注册前要准备什么

可以看出，要想通过微信进行营销、推广，公众账号肯定是少不了的。那么，该如何注册公众账号呢？注册前要准备什么呢？

由于公众账号是为营销准备的，因此，在注册之前应做充分的准备。根据微信公众平台对账号的要求，必须要准备以下三项内容。

- 邮箱账号：必须要有一个未注册过的邮箱账号，以后就通过该账号登录公众平台。并且，注册时，公众平台还将给该邮箱发送一封确认邮件，确认后才能进行下一步的操作。
- 手机号码：用来确认身份，在注册时会向该号码发送一条包含验证码的短信，用来验证身份。一个手机号码可以接收多个公众账号的验证码短信。
- 证件扫描文件：必须将证件（如身份证）扫描文件准备好，要求必须有正面头像且面部区域清晰可见，文件可保存为jpg、jpeg、bmp、gif格式，大小不超过5M。

微信的公众平台虽然是为了营销而推出的，但仍然以个人身份进行注册，因此上面的手机号码、证件扫描文件都以个人的资料为准。

如果提供的证件信息或其他信息是虚假资料，腾讯可能会关闭公众平台账号。

2.4.3 公众账号的申请

准备好以上三项资料后，就可以注册公众平台账号了。申请公众平台账号的操作步骤如下：

与微信账号的申请注册不同，公众平台账号的申请必须在电脑中进行，而不是在手机中进行操作。

（1）在电脑中打开浏览器，输入微信公众平台网址 http://mp.weixin.qq.com/，将打开图 2–30 所示的网页。

图 2–30　微信公众平台网址

（2）单击“注册”按钮打开注册页面，如图 2–31 所示。从网页上方的进度条可看出，注册时需要 4 个步骤。

图 2–31　微信公众平台注册页面

（3）输入准备好的邮箱，并设置密码，单击“注册”按钮，将显示图 2–32 所示的网页。从提示可看到，微信向注册的邮箱账号中发送了一封确认邮件。

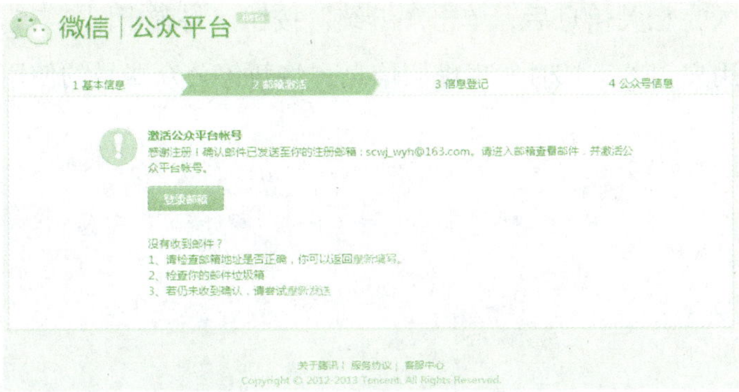

图 2-32　邮箱激活

（4）打开注册时用的邮箱，从微信发送的确认信中单击链接，进行激活操作。激活后将继续进行注册，显示图 2-33 所示的网页，进行信息登记。在这里输入姓名、身份证号码，并上传身份证扫描件图片。

注意：这里的姓名、身份证号码都要与图片相符。这些信息不会出现在公众账号中，只是作为身份核对。

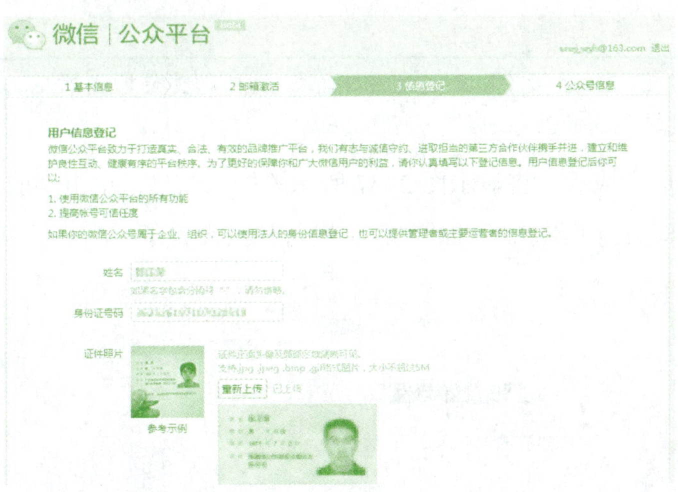

图 2-33　用户信息登记

接着向下滚动网页，在下方继续输入手机号码，单击“发送验证码”按钮，输入的手机号码将会收到一条验证短信，输入验证码，然后选择城市、固定电话、单位名称等相关信息，如图 2-34 所示。

（5）输入完相关信息后，单击“继续”按钮，将弹出图 2-35 所示的提示信息，提示用户，若审核时发现虚假信息，将暂停公众账号的使用。

图 2-34　输入相关信息

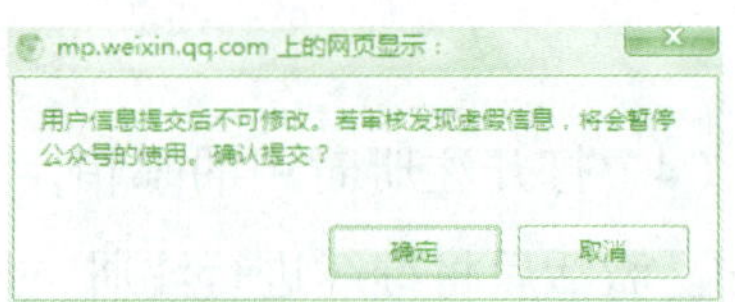

图 2-35　警示信息

（6）单击“确定”按钮，将显示图 2-36 所示的页面，设置公众账号信息。在这里输入“账号名称”、“功能介绍”、“运营地区”、“语言”、“类型”等信息。

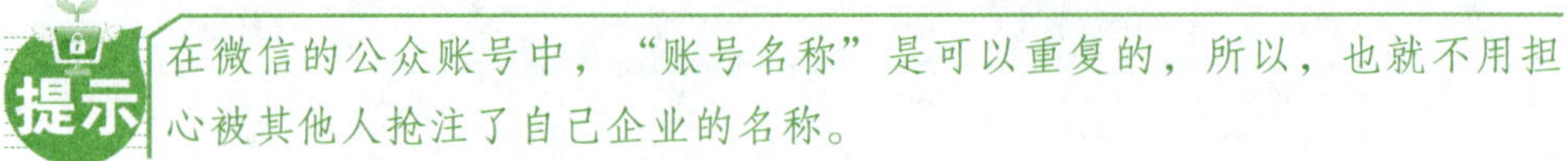

提示　在微信的公众账号中，“账号名称”是可以重复的，所以，也就不用担心被其他人抢注了自己企业的名称。

（7）注册完成后，将显示图 2-37 所示的提示信息，单击“前往微信公众平台”按钮即可打开公众平台的后台，进行相关设置了。

图 2-36　设置公众账号信息

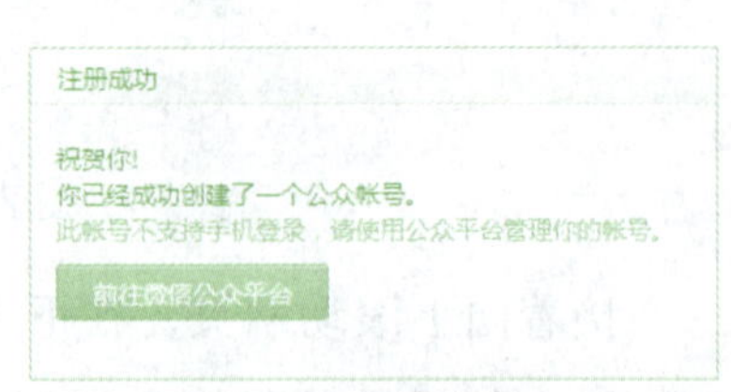

图 2-37　成功注册公众账号

2.4.4 认证公众平台账号，为营销助力

目前的微信公众号有两类："认证账号"和"普通公众账号"，两者的权限有所区别。除了前文提到的之外，认证账号在24小时内可群发3条消息，而普通公众账号在24小时内只能群发1条消息。

另外，由于微信对"账号名称"没做限制，因此，在注册公众账号时任何人都可以注册各种名称。为了提高营销微信账号的可信度，应尽可能对微信公众账号进行认证。这种对品牌的认证可以在前期控制公众号的质量，在一个海量的开放平台上，这种示范和培育对平台的发展也是相当必要的。

那么，该如何进行公众账号的认证呢？

登录到公众平台后台，若公众号还未认证，在"设置"中可看到图2–38所示的信息，其中有一个"申请认证"按钮。

图2–38 未认证的公众号

单击"申请认证"按钮，将显示图2–39所示的提示。

你目前的订阅用户为0位，至少需要500位，才能申请认证。
你可以通过微博、网站等途径，推广以下二维码，获取更多订阅用户，扩大影响力。

返回首页

图 2-39　申请认证

提示 从提示中可看到，只有当公众账号的关注人数达到500位时，才允许申请认证。

因此，为了使自己的公众号得到认证，首先应尽可能地推广它。可以通过微信、微博、网站等各种途径来推广，以获取更多订阅用户，扩大影响力，尽快达到申请认证的条件（有 500 个关注人数）。

第3章

10分钟玩转个人微信

在手机中安装好微信之后，首先应熟悉其用法，了解各项功能，然后才能在微信中进行营销。其实，微信的使用很简单，本章先简单介绍一下微信的基本功能。

3.1 简洁而功能丰富的主界面

腾讯在设计微信时，就考虑到了让其功能简洁，上手容易。启动微信后，可看到其界面很简洁，在手机屏幕下方有 4 个按钮，右上角有 1 个按钮，一共就只有这 5 个按钮。

3.1.1 微信主界面

启动微信后将显示主界面，如图 3–1 所示。从图中可以看到，在主界面上方是一个标题栏，中间是一个大的区域，称为聊天列表区域，在这个区域中列出了最近给机主发送过信息的好友或插件，下方是 4 个功能按钮。

如果有未查看的信息，标题栏中将显示未查看信息的数量。而好友列表中，发来消息的好友图标右上角将显示未读消息的数量。

1. 查看插件应用的消息

在主界面好友列表中，将显示插件应用、公众号、微信好友等的最近消息。插件应用会不定期推送一些消息，触按有新消息的图标，将显示相应的消息，如图 3–2 所示就是查看“腾讯新闻”的界面。

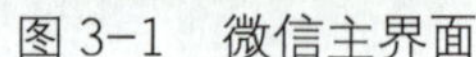
图 3–1 微信主界面

图 3–2 腾讯新闻

图 3–2 显示的消息是“腾讯新闻”于早上 8:57 推送的新闻消息。

技巧 在图3–2所示界面中向下滑动屏幕，可查看前期“腾讯新闻”曾发送过的消息。

图 3–2 中显示的是新闻列表，只显示了简短信息，触按消息后可查看到新闻的具体内容，如图 3–3 所示。

在图 3–3 中向上滑动屏幕就可看到完整的新闻内容，标题栏右上角还有一个按钮，触按该按钮后屏幕下方将显示如图 3–4 所示的功能按钮，按这些按钮就可对当前新闻进行操作，如发送给朋友、分享到朋友圈等。

图 3–3　新闻具体内容

图 3–4　操作新闻

在查看新闻过程中，若要返回前一界面，可触按位于标题栏左上角的“返回”按钮。

在图3–2所示的界面中可看到，虽然可以查看“腾讯新闻”的消息，但我们没办法发送消息给“腾讯新闻”。这是因为“腾讯新闻”这个插件不接收用户的消息，只负责发送消息。

2. 查看公众号的消息

如果用户关注的公众号推送了消息，也会显示在主界面的好友列表中，触摸公众号即可查看到相应的消息，图 3–5 所示是公众号“新东方在线”的最新消息，向下滑动屏幕可查看到与该公众号互聊时的历史记录。

如图 3–5 所示，对于公众号推送的图文消息，首先显示的也只是一个内容简介，直接触按简介或触按下方的“查看全文”，可查看到消息的完整内容，如图 3–6 所示。

在图 3–6 所示状态中，触按标题栏右上角的按钮，也可打开类似图 3–4 所示的共享面板，可以将消息发送给朋友共享。

与微信的“腾讯新闻”功能插件不同，我们可以与公众号进行沟通，在图3–5所示界面中可向公众号发送信息（包括文字、图片、语音、视频等）。

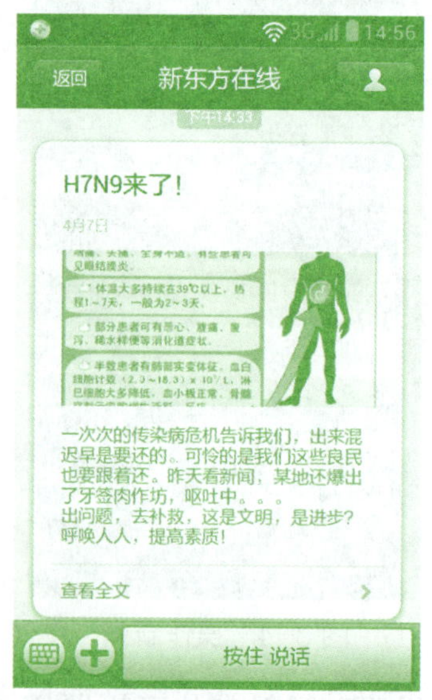

图 3–5　公众号发的信息

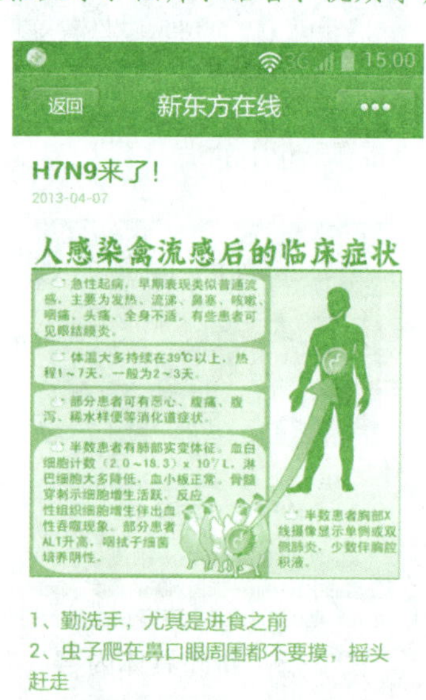

图 3–6　具体信息

在图 3–5 所示界面中，触按标题栏右上方的按钮将显示图 3–7 所示的内容，在这里可查看公众号的相关信息，包括功能介绍、认证信息等内容，还可在该界面中进行设置，如：

- 查看历史消息。
- 设置是否接收该公众号推送的消息。
- 是否在我的名片中显示。

➢ 取消关注该公众号。

在图 3–7 所示界面中，触按标题栏右上角的按钮，在屏幕下方将弹出图 3–8 所示的命令列表，共有 2 个命令，其功能分别是：

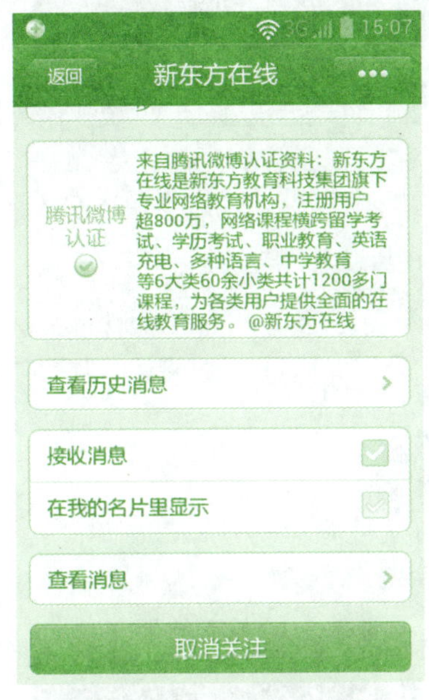

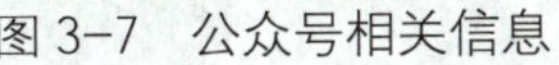
图 3–7 公众号相关信息

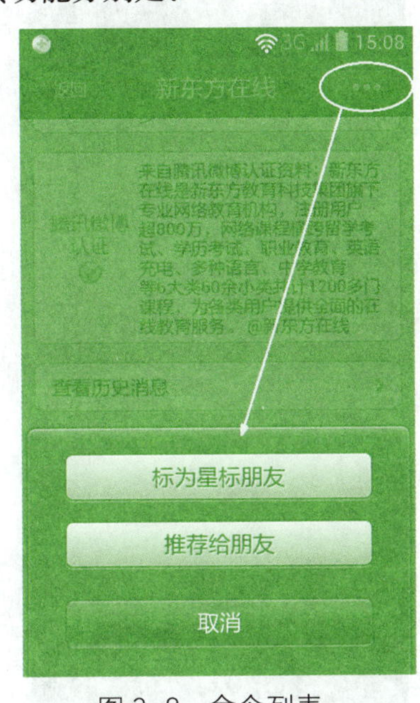

图 3–8 命令列表

➢ 标为星标朋友：可以将该公众号标记为星标朋友。这样在“通讯录”中将显示在朋友列表的前面。

➢ 推荐给朋友：将当前公众号推荐给自己的朋友。

在图 3–8 所示界面中触按“推荐给朋友”按钮后，将显示如图 3–9 所示的“选择”界面，选择推荐给哪些朋友。

技巧 若要同时推荐给多位朋友，在图3–9中触按“更多联系人”将显示微信的通讯录，方便用户选择多个联系人。

选择好联系人后，将显示如图 3–10 所示的界面，提示将公众号的名片推荐给朋友，在标题栏中触按右上角的“确定”按钮，即可将公众号的名片以消息的形式发送给朋友。

而朋友在微信中将收到推荐的信息，打开后可看到图 3–11 所示的消息，触按发过来的名片，将显示图 3-12 所示的名片信息，若要关注该公众号，触按“关注”按钮即可。

图 3-9　选择朋友

图 3-10　推荐给朋友

图 3-11　收到推荐信息

图 3-12　名片信息

3. 查看微信好友的消息

在好友列表中，触按有新消息的好友图标，将显示相应的消息，如图3-13所示，向下滑动屏幕可查看聊天的历史消息，触按标题栏右上角的按钮，将显示如图3-14所示的界面，可设置与好友聊天的相关内容，如设置聊天背景、管理聊天记录等。

图3-13 与好友聊天信息

图3-14 设置聊天信息

3.1.2 通讯录

在微信主界面中触按屏幕下方的“通讯录”按钮，将显示如图3-15所示的界面，在这里列出了已加为好友的微信用户。

> **注意** 在通讯录列表中，将按字母排序，公众账号单独分成一类放置，而星标朋友将显示在其他朋友之前。

在图3-15所示的界面中，触按标题栏右上角的按钮，将显示图3-16所示的“添加朋友”界面。添加朋友的方法有很多，在本书后面将有详细介绍。

图 3-15 微信通讯录

图 3-16 添加朋友

3.1.3 朋友们

在主界面中触按屏幕下方的"朋友们"按钮，将显示图 3–17 所示的界面，在这个界面中也可以添加朋友，有关添加朋友的功能在本书后面将有介绍。这里主要看一下"朋友圈"的功能，在图 3–17 所示界面中触按"朋友圈"，将显示图 3–18 所示界面。

图 3-17 "朋友们"界面

图 3-18 "朋友圈"界面

在图 3-18 所示界面中，上方是当前用户的图标和主题照片，下方是自己及朋友分享的图片。

技巧 在“朋友圈”中滑动屏幕可看到朋友发送的图片，图3-18显示的是图片的缩略图，触按缩略图可看到放大的图片。

3.1.4 设置

在主界面中触按屏幕下方的“设置”按钮，将显示如图 3-19 所示的界面。从图 3-19 中可看到，设置的命令有很多，许多命令还有下级命令，可进行以下设置：

- 设置个人信息；
- 设置二维码名片；
- 设置腾讯微博；
- 查看我的相册；
- 查看和设置账号；
- 与手机通讯录匹配；
- 设置聊天背景；
- 通用选项设置；
- 功能插件的启动与停用；
- 隐私设置；
- 查看系统通知；
- 流量统计；
- 清空聊天记录。

滑动屏幕可看到下方有更多的命令，如图 3-20 所示。从图 3-20 中可看到“退出登录”按钮也在这里，退出微信就需要到这里触按“退出登录”按钮。

图 3-19 “设置”界面 1

图 3-20 “设置”界面 2

3.1.5 魔法棒

在主界面，标题栏右上角有一个“魔法棒”按钮，触按该按钮将显示一个下拉命令列表，如图 3-21 所示，共有 4 个命令：

- 发起聊天：与某一个好友进行聊天，也可以加入某群中（或创建自己的群）进行群聊。
- 听筒模式：默认情况下是扬声器模式，即语音、视频中的声音是通过手机的扬声器播放出来，若设置为听筒模式，则只能从手机的听筒中听到声音，适合在公众场合使用。
- 登录网页版：可结合电脑进行二维码扫描，在电脑中登录网页版微信。
- 扫一扫：可扫描二维码，如添加朋友、扫描会员卡等。

在图 3-21 的“魔法棒”命令列表中选择“发起聊天”命令，将显示图 3-22 所示的“选择联系人”界面，在这里选择要聊天的人，下方横条中将显示选中的朋友的图标，且右下角的“确定”按钮中将显示选中的朋友的数量。

若选中的朋友有多个，则可创建一个群，进入群聊状态。

图 3-21 “魔法棒”信息

图 3-22 选择联系人

3.2 快速找到陌生朋友

在微信中要和朋友沟通交流，必须相互添加为朋友。微信提供了很多添加朋友的方法，在第 5 章中将详细介绍这些方法，本节主要介绍一下微信比较有特色的两种找到微信陌生朋友的方式，分别是“附近的人”和“摇一摇”。

3.2.1 千米之内的TA

如今 LBS 已经成为社交网络的新基础，很多人通过它结识了不少志趣相投的新朋友，通过这个功能使社交关系从移动互联网领域逐步走进现实生活。

提示 微信运行在手机等移动设备上，也提供了LBS功能。其实，可以认为所有移动设备都具有LBS功能。

在微信中，只要用户确认自己的位置，系统就会自动根据用户所在的位置，找到在附近同样开启本功能的人，向他们打招呼。

通过微信的“附近的人”功能，就可以找到与用户相距 1000 米左右的在线用户。微信通过 LBS 功能改变了人们的交友方式。以前是通过朋友之间的介绍、QQ 交友、交友网站等方式去结交新朋友，现在通过微信就能快速找到身边的新朋友，马上就可以相约聚会。这也是微信能快速抓住用户的一大原因。

在微信中要找到附近的人是非常方便的，具体操作步骤如下：

（1）在主界面中触按屏幕下方的“朋友们”按钮，显示如图 3-23 所示的“朋友们”界面。

（2）触按“附近的人”命令，将显示如图 3-24 所示的提示信息。提示查看附近的人时，你的位置信息也会被其他人看到。

图 3-23 “朋友们”界面

图 3-24 “附近的人”界面

（3）如果同意开启自己的位置信息，触按“开始查看”按钮即可，否则触按标题栏左上角的“返回”按钮。触按了“开始查看”按钮后将看到图3-25所示的信息。

（4）在图3-25中触按“确定”按钮，微信就会将附近的人显示在列表中，如图3-26所示。

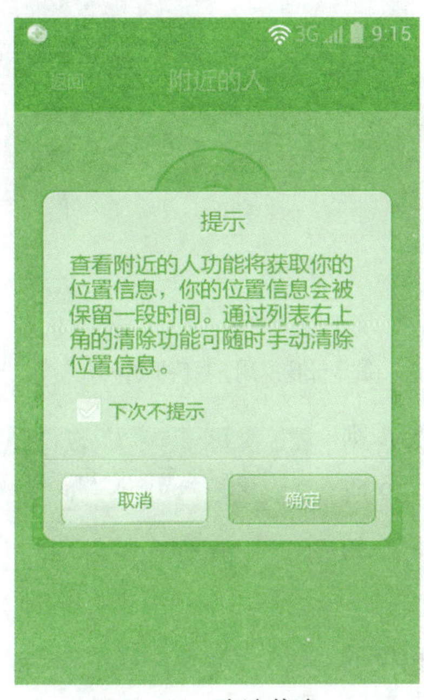

图3-25 确认信息

图3-26 “附近的人”列表

（5）可以看到列出的“附近的人”非常多，可以过滤显示。触按标题栏右上角的按钮将显示图3-27所示的命令按钮列表，可选择“只看女生”、“只看男生”、“查看全部”、“附近打招呼的人”。

提示 在这里可触按“清除位置并退出”清除自己的位置信息，这样，其他微信用户通过“附近的人”就看不到你了。

（6）找到关注的朋友后，触按其信息将显示如图3-28所示的“详细资料”，在这里显示了该用户的相关信息，如所在地区、个性签名、个人相册等。在个人相册中触按可看到该网友发布到“朋友圈”中的照片。

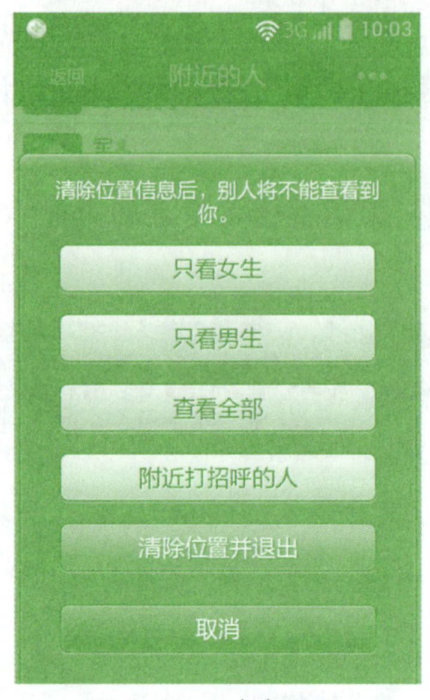

图 3-27　过滤显示

图 3-28　用户详细资料

（7）经过查看，若是志趣相投的朋友，则可触按下方的“打招呼”，将显示如图 3-29 所示的界面，输入信息后，触按标题栏右上方的“发送”按钮，向 TA 发送信息，开始交流。

图 3-29　与附近的人打招呼

通过微信的 LBS，可帮我们找到志趣相投的好友。例如，若下班后想找一个人到茶楼去下棋，可以将自己微信中的个性签名改为“找人在 ×× 茶楼下围棋”，然后就可以坐在茶楼中慢慢品茶，等待有相同兴趣的朋友来响应了。这时也想下棋的微信网友通过“附近的人”功能就可看到这条签名，即可马上联系。

微信的“附近的人”功能也可应用到营销中，具体方法在第7章中再详细介绍。

3.2.2 摇出来的好友

微信另一个认识陌生朋友的方法更简单，只需摇一摇手机，就可将在同一时刻也在摇手机的朋友找出来。都在同一时刻摇手机，是不是很有缘分呢？

摇出好友的操作非常简单，具体步骤如下：

（1）在如图 3-23 所示的界面中触按“摇一摇”命令，将显示如图 3-30 所示的提示信息。

（2）触按“我知道了”按钮进入摇一摇界面，如图 3-31 所示。

图 3-30 “摇一摇”提示信息

图 3-31 “摇一摇”界面

（3）摇晃手机，可以听到手机发出一个声音，并开始查找同一时刻摇动手机的人，如图 3-32 所示。

（4）找到在同一时刻摇动手机的朋友之后，将在屏幕下方显示该微信用户的图标、名称及距离，如图 3-33 所示。

（5）在图 3-33 所示界面中，触按找到的朋友的图标，将显示该网友的信息，这时可向 TA 打招呼。

图 3-32 “摇一摇”过程

图 3-33 “摇一摇”结果

提示 每摇动一次手机只会找到一位陌生朋友，经过多次摇动即可找到多位陌生朋友，并且微信会记住这些朋友的信息。

在图 3-33 下方有一个向上的三角形按钮，触按该按钮将显示如图 3-34 所示的界面，列出了最近通过摇动手机找到的朋友列表。在这个列表中触按某个朋友也可查看其详细信息，并向其打招呼。

图 3-34 摇到的朋友列表

3.3 用微信与朋友沟通

朋友之间通过交换信息才能达到沟通的目的，在不同的情况下，交换的信息也会有所不同。使用微信可以免费实现文字、图片、语音、视频等信息的交换。

3.3.1 发送免费的图文短信

文字、图片是人们通过电脑沟通的首选方式（如QQ、MSN等都是以此为基础的），在微信中也可以很简单地发送图文信息。

1. 在微信中发送文字

在微信中发送文字操作很简单，下面演示一下具体的操作步骤。

（1）在主界面中触按屏幕下方“通讯录”按钮，显示出图3-35所示的朋友列表。

（2）要与某个朋友进行聊天，可在通讯录列表中触按该好友，显示图3-36所示的该朋友的详细资料。

图3-35 微信通讯录

图3-36 朋友的详细资料

（3）在图 3-36 中触按“发消息”按钮即可进入如图 3-37 所示的聊天界面。

（4）在聊天界面中，触按左下角的键盘图标，将显示出如图 3-38 所示的虚拟键盘，触按键盘输入要发送的文字信息。输完后再触按输入框右侧的“发送”按钮即可发送信息，与对方进行聊天。

提示 默认状态下，与好友聊天时，微信显示的是语音界面，如何发送语音信息将在后面进行介绍。

图 3-37　与朋友聊天的默认界面

图 3-38　与朋友聊天

2. 在微信中发送图片

在微信中可以非常简单地发送图片，默认聊天界面中没有发送图片的命令，需按以下方式进行操作。

技巧 由于微信是运行在手机中的，现在的智能手机都具有拍照功能。因此，微信除了可以发送手机中的已有图片之外，还可以通过摄像头现拍现发。

（1）在图 3-37 所示聊天窗口最下方触按加号按钮，将显示图 3-39 所示的多个命令按钮。可以看到，有表情、图片、视频、位置等多个命令按钮。

（2）触按“图片”按钮，将显示如图 3-40 所示的命令列表，可以选择“拍照”或“从相册选择”命令。

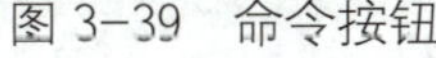
图 3-39 命令按钮

图 3-40 选择“图片”命令

（3）在图 3-40 所示界面中触按“拍照”命令按钮，即可启动手机的相机，进行拍照后将在图片左下方显示一个叉图标，右下方显示一个对勾图标，如图 3-41 所示。

若对所拍照片不满意，可触按左下方的叉图标重新拍照。

（4）在图 3-41 中触按右下方对勾图标，将显示如图 3-42 所示的界面。在该界面中触按标题栏右上角的按钮可对图片设置滤镜，也可原图发送。若不设置滤镜，可直接触按下方的“完成”按钮开始发送图片。

（5）图片发送完成后将显示图 3-43 所示界面，在聊天窗口中显示了所发图片的缩略图，对方聊天窗口中也可看到这个缩略图。

双方都可通过触按缩略图在手机中查看放大后的图片。

图 3-41　拍照

图 3-42　拍照完成

若要发送手机中的已有图片，在图 3-40 中触按“从相册选择”按钮，接着从打开的界面中选择已有的图片进行发送，后续的操作与图 3-42 及以后的操作相同。

图 3-43　图片发送完成

3.3.2　发送语音给好友

微信的一大特点就是能方便地发送语音给对方，这样，不用输入文字，也可以方便地沟通了。在微信中发送语音非常简单，如图 3-37 所示，当打开聊天界面时，下方有一条很长的按钮，上面的文字为“按住说话”（如果显示为图 3-38 所示的输入文字界面，则只需要触按左侧语音按钮，就可切换到图 3-37 所示界面）。

特别是对于不喜欢在手机中输入文字的用户来说，语音功能就显得特别方便了。手机虚拟键盘小，不太好用，因此，在微信中使用语音的用户非常多。

（1）在屏幕下方触按“按住说话”按钮，这时手机屏幕上将显示一个对讲机图标，对着话筒说话，微信会将声音录制下来，如图 3–44 所示。在对讲机图标中还有一行提示文字“手指上滑，取消发送”，如果不准备发送录的语音，可将按住按钮的手指向上滑动。

（2）录制完成后松开手指，微就会将录下来的声音发送给朋友，如图 3–45 所示。

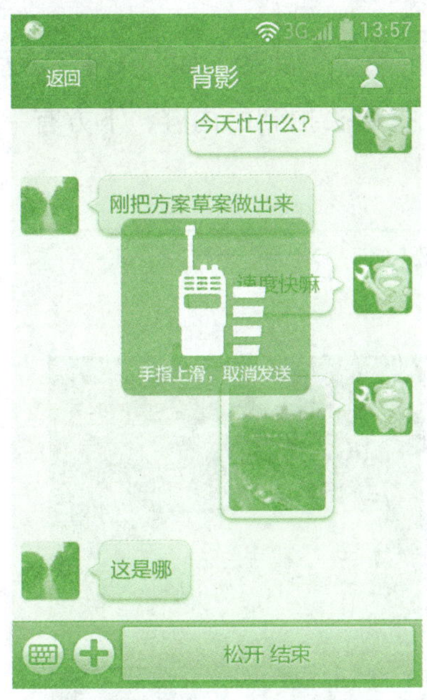

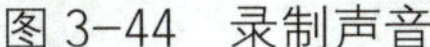
图 3–44　录制声音

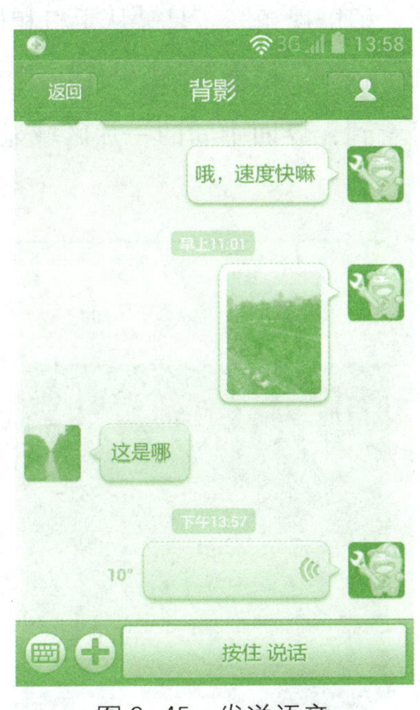

图 3–45　发送语音

发送（或接收）的语音以一个小框表示，在其左侧（或右侧）显示了这段语音的时长（图 3–45 中显示为 10 秒钟的语音），触按该语音示例框就可听到发出去（或接收到）的声音。

通过微信的这种方式，朋友间进行沟通时，不需要输入文字即可听到对方的声音，并且比输入文字的效率要高。

微信的这种方式类似于通常用的对讲机，不过微信还另外提供有对讲机功能。而这里发送语音的优势，就是可以随时重复播放对方发过来的声音。

3.3.3 在聊天时发送视频给好友

微信还可以发送视频给朋友，不但可以发送手机中已有的视频，还可以使用手机的摄像头功能拍摄视频，然后发送给朋友。

（1）在聊天窗口中触按下方的加号按钮，显示如图 3–43 所示的界面，在这个界面中触按“视频”图标，将显示图 3–46 所示的命令按钮列表，让用户选择是“拍摄视频”还是“从手机相册选择”。

（2）触按“拍摄视频”按钮后微信将启动录像功能，如图 3–47 所示。从图中可看到，界面中间的一片区域显示了摄像头拍到的内容，下方有一个录像按钮。

技巧 如果手机有前置摄像头，可以通过触按标题栏右上角的按钮进行前后摄像头的切换，以拍摄不同的视频内容。

图 3–46 选择视频来源

图 3–47 录像功能

（3）在图 3–47 所示界面中触按下方的录像按钮，开始进行视频的录制，这时下方的录像按钮图标将变成红色。录制完成后，触按下方的录制按钮即可停止录像。这时微信将对视频进行压缩，压缩完成后将显示如图 3–48 所示的界面，在这个界面中显示了录制视频的第 1 幅画面，画面下方显示了视频文件的大小、视频的时长。这时可触按中间的播放图标播放已录制的视频，也可触按左下方的"保存"按钮将视频保存到手机中，还可触按右下方的"发送"按钮将录制的视频发送给正在聊天的朋友。

（4）由于视频文件通常都比较大，发送需要一段时间。发送完成后，在聊天窗口中可看到视频的缩略图，如图 3-49 所示。

朋友收到视频后也将显示如图 3-49 所示的缩略图，触按缩略图即可在手机上播放视频。

如果手机中已经录制好视频，在图3-46中触按"从手机相册选择"按钮，然后选择已录制的视频，即可进行压缩发送了。

图 3-48　录制视频成功

图 3-49　发送视频

3.3.4　发送位置，让朋友准确找到你

在现实生活我们经常会遇到一个问题，就是如何找到朋友的位置。有时为了找到朋友的位置，需要不断通过电话沟通，了解沿途应该怎么走。

现在，有了微信就很方便了，朋友只需要通过微信的发送位置功能将他所在位置发送过来，我们接收到信息后就可通过导航快速定位了。

图 3–50 所示是朋友发过来的位置信息，触按该位置信息将打开一份地图，标注出了其具体位置，如图 3–51 所示。

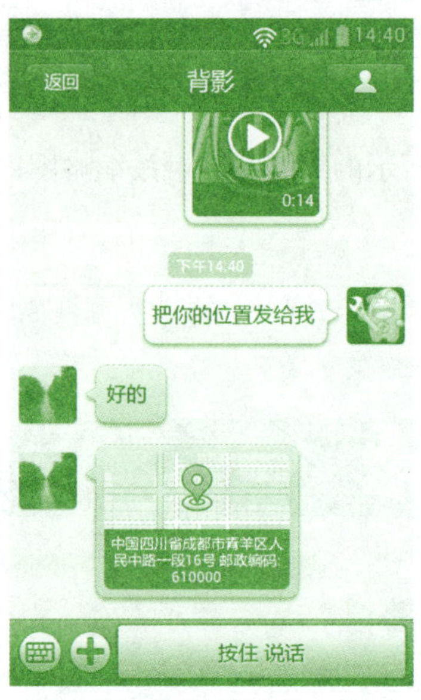

图 3–50　朋友发来位置信息

图 3–51　具体的位置信息

在如图3–51所示的界面中触按标题栏右上角的“导航”按钮，即可从当前位置导航到朋友发过来的位置。这样，就省去了不停打电话问路的过程，通过手机可直接导航到目标位置。

那么，又该怎样发送自己的位置给朋友呢？操作步骤很简单，具体如下：

（1）在与朋友聊天的窗口中触按下方的加号按钮，打开命令图标面板，如图 3–52 所示。

（2）在如图 3–52 所示的界面中触按“位置”图标，微信将打开地图，并标注出当前位置，如图 3–53 所示。其实，这里的位置信息也是可以调整的，可以滑动屏幕移动地图，以修改当前位置。还可以对地图进行放大、缩小等操作。

图 3-52 命令按钮

图 3-53 标注当前位置

（3）在如图 3-53 所示的界面中，触按标题栏右上方的“发送”按钮，即可将自己的位置信息发送给朋友，如图 3-54 所示。

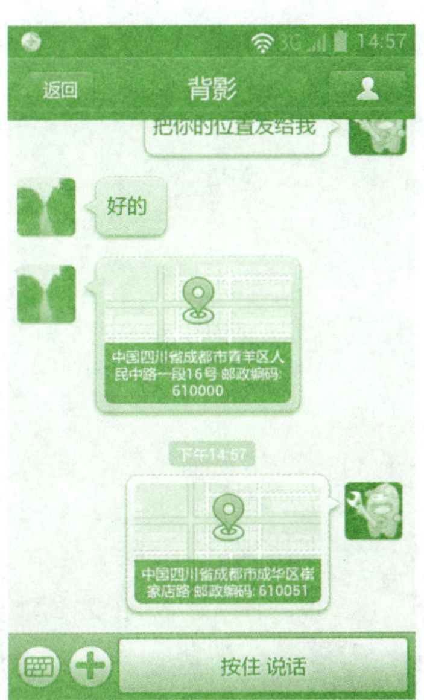

图 3-54 将自己的位置发给朋友

微信的界面很简单，主界面中只有 5 个按钮，不过其功能也很强大，很多功能都需要通过主界面中的某一个按钮进行，本章只是简单地介绍其最基本、最简单的功能。

第4章 让朋友认识你

在第 2 章可看到，注册微信时，用户不需要填写太多的内容，这是为了方便用户快速注册。但也带来一个问题，用户在微信中设置的信息少，那么其他微信好友对你的了解就很少。为了让陌生朋友尽量多地了解你，通常在第一次登录后就设置个人信息。

在用微信进行营销时，经常改变个人签名，也可达到较好的营销效果。

4.1 让朋友记住你的信息

在现实生活中，如果和陌生朋友会面，我们可以通过观察他的外貌特征、言谈举止获取第一印象。可是，在微信中由于见不到面，听不到声音，无法获取第一印象。因此，在微信中寻找朋友的时候，都是通过查看个人信息来获取第一印象的，图 4–1 所示就是查看个人信息的界面。在这里可以看到朋友的头像、名字、所在地区、个性签名、个人相册等信息。这样，就对这位朋友有了第一印象，可以初步判断是否与自己有相同兴趣爱好，是否是自己想交往的朋友。

图 4–1 查看个人信息

因此，在微信中设置个人信息就非常重要了，这是给朋友的第一印象。

技巧 通常应在个人信息中设置好头像、名字、性别、地区、个性签名等内容。

4.1.1 头像不能少

刚注册的微信账号没有头像，登录到主界面后可看到如图 4–2 所示的提示："设置一个头像，让好友更容易认出您！" 触按这条提示信息，将打开"详细资料"界面，如图 4–3 所示。

触按"设置头像"按钮，手机屏幕下方将显示如图 4–4 所示的命令按钮，可使用相机拍照作为头像，或从手机中选择一张图片作为头像。

提示 还可以通过主界面右下角的"设置"按钮设置头像，在这里也可以修改原来的头像。

图 4-2　提示信息

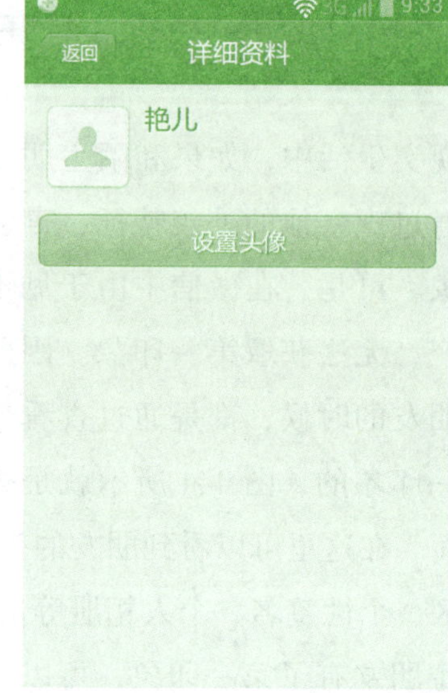

图 4-3　个人详细资料

设置或修改头像的操作步骤如下：

（1）在主界面中触按右下角的“设置”按钮，将显示如图 4-5 所示的“设置”界面，在这里可对微信的个人信息、账号、功能等进行设置。

图 4-4　命令按钮

图 4-5　“设置”界面

（2）如图 4–5 所示，在“个人信息”右侧显示当前已经设置的头像，这时可更改头像。若未设置头像，也可在这里设置。触按“个人信息”将显示如图 4–6 所示的界面。

（3）在图 4–6 界面中显示了当前用户的头像、名称、性别、地区、个性签名等内容。图 4–6 所示已经有头像了，这时触按头像，在手机屏幕下方将弹出图 4–7 所示的命令列表，这里的命令列表与图 4–4 中显示的相同。

图 4–6　设置个人信息

图 4–7　更改头像

（4）在如图 4–7 所示的界面中触按“拍照”按钮，微信将启动照相机进行拍照。拍好照片之后，就可将该照片设置为头像。

在如图 4–7 所示的界面中触按“选择本地图片”按钮，可以从手机中选择一张图片作为头像。

为了方便好友认出你，建议拍一张自己的生活照作为头像。而对于企业专为营销使用的账号，可以考虑将企业Logo、产品图像等设置为头像。

4.1.2　让朋友容易记住的名字

注册微信时，需要设置一个名字，以方便朋友记住你，还可根据需要随时修改名字。

建议不要频繁修改名字，否则好友都不好找到你了。

图 4–8　用户名示例

最常见的首先就是自己的真实姓名了，当然也可以根据需要设置成其他的名称。如图 4–8 所示，查看“附近的人”，可看到有一个微信用户的名称为“招聘，美发，化妆…”，是以近期急需完成的任务命名的。若是企业、团体用的账号，也可将账号设置为企业团体名称或产品名称，图 4–9 所示的第一个微信号就是一个足球队的微信账号。

要修改名字也很简单，在图 4–6 所示的“个人信息”界面中触按“名字”即可打开图 4–10 所示的“更改名字”界面，在下面的文字框中删除原来的名称，输入新的名字，再触按标题栏右上方的“保存”按钮即可。

图 4–9　用户名示例

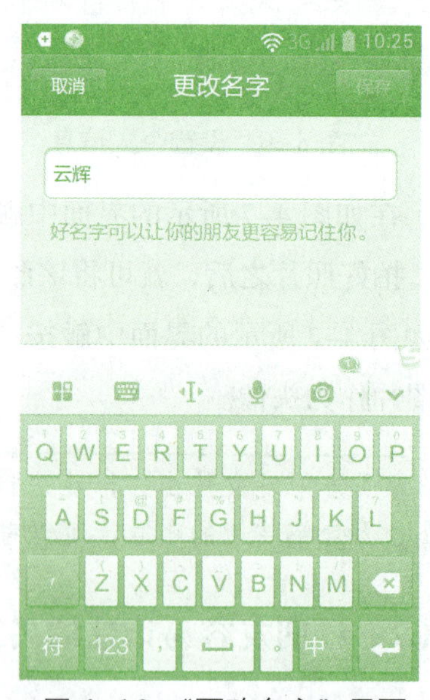

图 4–10　“更改名字”界面

4.1.3 个性签名秀广告

在微信中，最好不要经常修改名字，如果有图 4–8 所示的招聘或其他个人、企业活动信息要发布，可通过修改“个性签名”来实现。

例如，在第 3 章中介绍过“附近的人”这个功能，利用这个功能可以找出位置在附近的微信朋友，但是，怎么知道他们是否是志趣相投者呢？这就要借助“个性签名”来实现了。当你想找朋友来做某件事情时，可修改“个性签名”来表达这种愿望，附近的朋友看到它，就可联系你来共同完成。例如，若准备周末组织朋友去郊游，便可将“个性签名”设置为“还差 2 人周六自驾去青城山”，具体设置过程如下：

（1）在图 4–6 所示的“个人信息”界面中触按“个性签名”，将显示“个性签名”界面，在其中输入个性签名内容，如图 4–11 所示。

（2）输入好个性签名之后，触按标题栏右上方的“保存”按钮，即可将其发布出去。这时在“个人信息”界面中可看到设置好的“个性签名”，如图 4–12 所示。

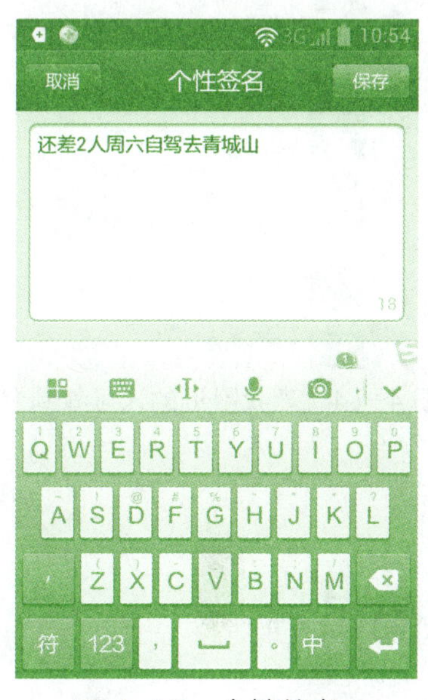

图 4–11 个性签名

图 4–12 查看“个性签名”

签名发布出去之后，已互加为好友的朋友可以在“通讯录”中看到它，如图 4–13 所示。

如果是附近的微信用户查找好友，也可看到这些信息，如图 4–14 所示。

当用户发布这样的签名后，若正好有计划去青城山一游的朋友看到了，可能就会相互联系，这样就达到了寻找好友的目的。

当然，这只是个性签名的一种用途，更多时候，微信用户喜欢将个人志趣、座右铭、自励言语等放在个性签名中。

技巧　作为企业营销用的账号，还可更多地利用个性签名进行营销操作，具体的内容将在第7章中进行介绍。

图 4–13　在通讯录中显示的个性签名

图 4–14　查找附近的人可看到个性签名

4.2 你的微信名片：二维码名片

智能手机的普及，带动了人们生活方式的改变，其中发展最快的就是手机二维码。二维码越来越多地出现在人们生活中，如火车票上、麦当劳餐券上、淘宝的杂志上，以及一些书籍上等等，二维码的出现极大地吸引了青年人的眼球。图 4–15 所示是一张火车票，其右下角就是二维码图形。

图 4–15 二维码示例

4.2.1 什么是二维码

那么，什么是二维码呢？

二维码是用特定的几何图形按一定规律在平面（二维方向上）分布的黑白相间的图形中记录符号信息的；在代码编制上巧妙地利用“0”、“1”的概念，使用若干个与二进制相对应的几何形体来表示文字信息，通过图像输入设备或光电扫描设备自动识读，以实现信息自动处理：它具有条码技术的一些共性：每种码制有其特定的字符集；每个字符占有一定的宽度；具有一定的校验功能等。同时还具有信息自动识别功能、处理图形旋转变化等特点。

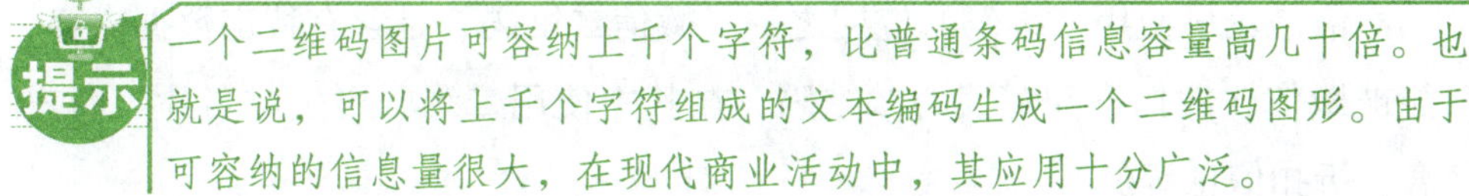

提示 一个二维码图片可容纳上千个字符，比普通条码信息容量高几十倍。也就是说，可以将上千个字符组成的文本编码生成一个二维码图形。由于可容纳的信息量很大，在现代商业活动中，其应用十分广泛。

随着智能手机的普及，各种各样的二维码也接踵而至，如二维码请柬、二维码展示海报、二维码签到、二维码名片、二维码指示牌、二维码宣传广告等。

因此，通俗来说，二维码就是将大量信息转化为一个图形并进行传播的工具，借助手持终端，别人就能快速读取二维码的相关信息。以手机终端为例，只要手机中安装了二维码识别类软件，对准二维码图片进行扫描，就能够获取并存储二维码上面的信息。

虽然二维码具有信息容量大、具有容错功能等诸多优点，但也要注意其缺点，那就是安全性方面的问题。二维码的安全性正备受挑战，在二维码中可能会带有恶意软件和病毒，这正成为二维码普及道路上的绊脚石。理论上讲，二维码本身不会携带病毒，但很多病毒软件可以利用二维码下载。据《2012年上半年全球手机安全报告》显示，2012年上半年查杀到手机恶意软件17676款，而其中二维码技术成为手机病毒、钓鱼网站传播的新渠道。据警方介绍，扫描二维码可能会刷出一条链接，提示下载软件，而有的软件可能藏有病毒。其中一部分病毒下载安装后会对手机、平板电脑造成影响；还有部分病毒则是犯罪分子伪装成应用的吸费木马，一旦下载就会导致手机自动发送信息并扣取大量话费。

因此，在扫描二维之前，应先判断其发布来源是否可信，一般来说，正规的报纸、杂志，以及知名商场的海报上提供的二维码是安全的，但对在网站上发布的不知来源的二维码需要提高警惕。

在手机中应该安装加入了监测功能的二维码扫码工具，扫到可疑网址时，扫码工具将弹出安全提醒信息。

4.2.2 怎样生成二维码名片

微信是较早使用二维码的应用之一。微信二维码，是含有特定数据内容、只能被微信软件扫描和解读的二维码。在其中使用二维码可生成名片、商户信息、折扣信息等。

微信中的二维码名片是将传统名片和二维码结合形成的。名片上除了传统的联系方式，如电话、邮箱、地址等等之外，还印上了二维码。用户通过普通扫码软件，轻轻一扫，就可读取其中包涵的文字和图片信息。

二维码内的信息由用户自己设置，而在微信中生成的二维码名片只显示二维码图形。

我们使用 QQ 等即时通软件添加好友时，必须输入他的号码才能添加。这种方式在手持终端上操作不太方便，而使用二维码名片就简单多了，只需要扫描一下好友的二维码名片就可将其添加为好友。

那么，怎么生成二维码名片呢？具体步骤如下：

（1）在如图 4–6 所示的“个人信息”界面中，触按“二维码名片”即可生成一个二维码名片，如图 4–16 所示。可以看到它的中间位置包含微信头像图片。

（2）若对生成的二维码图形不满意，可触按标题栏右上角的按钮，在手机屏幕下方将显示如图 4–17 所示的命令列表。

图 4–16　二维码名片

图 4–17　二维码的操作

（3）在图 4–17 所示界面中触按“换一张二维码”，则二维码名片将会更换样式，可能会得到图 4–18 所示的二维码。若还不满意，可重复前面的操作，直到满意为止。

4.2.3　散发你的二维码名片

生成二维码名片之后，就需要将这张名片散发出去，让更多的好友看到，并能通过扫描二维码添加你为好友。有多种方式可散发名片，例如，通过网络途径将二维码名片发布到微博、网站中，或印制到自己的名片上。

技巧 若是企业用来营销的二维码名片，还可通过在电视媒体、网站上发布，也可印制在宣传单、店招等宣传资料上进行散发。

这里演示将二维码名片通过网络散发的操作，以在腾讯微博中发布二维码名片为例，具体操作步骤如下。

（1）在如图 4–17 所示的列表中触按“分享二维码”按钮，将显示如图 4–19 所示的界面，将生成的二维码名片分享到腾讯微博、QQ 空间或新浪微博。

在如图 4–18 所示的二维码名片上触按，也会显示如图 4–19 所示的分享界面。

图 4–18　二维码造型

图 4–19　分享二维码

（2）在图 4–19 中触按“分享到腾讯微博”按钮，将显示如图 4–20 所示的界面，在这里显示了分享二维码名片的一些提示信息。

（3）在图 4–20 中触按“下一步”按钮，将显示如图 4–21 所示的界面，在这里已经默认填写了一些文字（当然，可以修改这里的文字）。然后触按标题栏右上角的“分享”按钮，即可将图 4–21 中输入的文字和二维码名片发布到微博中。

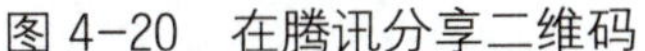
图 4-20 在腾讯分享二维码

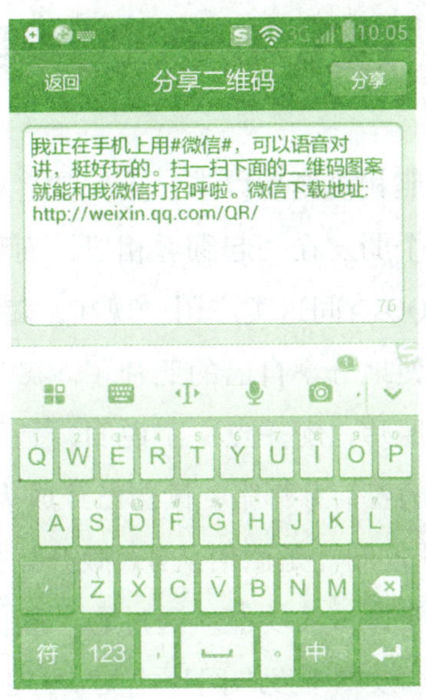

图 4-21 分享二维码的信息

在电脑中打开腾讯微博，可看到如图 4-22 所示的一条信息。好友看到这条信息后，用手机扫描二维码名片即可将你添加为微信好友了。

背影：我正在手机上用#微信#，可以语音对讲，挺好玩的。扫一扫下面的二维码图案就能和我微信打招呼啦。微信下载地址:http://url.cn/0le3RJ

1分钟前　　转播 | 评论 | 更多

图 4-22 在微博中显示的二维码分享信息

技巧 在图4-17中，也可触按“保存二维码到手机”按钮，将生成的二维码名片以图片的形式保存在手机中，然后再将这个图片分发或印制到宣传资料中。也可将这个二维码图片通过论坛、贴吧等多种不同的途径进行散发。

4.3 通过朋友圈分享照片

从照相机诞生以来，人们就喜欢将自己的照片分享给朋友。以前，通常只是几个朋友在一起翻看相册，而随着网络的发展，我们可以将照片分享到微博、QQ 空间这类应用。现在，随着移动互联网和智能手机的发展，我们可以更方便地分享自己的照片了。微信的“朋友圈”就可实现这种功能。用微信分享照片，配一点文字说明，是很简单的一件事情，其中却又充满了无穷乐趣，随着信息膨胀，读图已经成为了这个时代的主旋律。

“朋友圈”是微信从 4.0 版开始推出的新功能，通过这个功能，微信具有了类似于微博的功能。通过它，微信好友之间就可以超越聊天关系了，你只需要在朋友圈中发布图片或文字，你的微信好友就可以看到。

提示 在微信之前的版本中，好友之间只能通过相互聊天进行交流沟通，比如一对一聊天，或是群聊。

4.3.1 查看朋友发布的图片

在微信的“朋友图”中可方便地查看到朋友分享的图片、文字等信息。具体步骤如下。

（1）在微信主界面中触按下方的“朋友们”按钮，将显示如图 4–23 所示的界面。

（2）在如图 4–23 所示的界面中，触按“朋友圈”将显示如图 4–24 所示的界面，在这里显示了当前用户的主题照片、头像。在下方显示了自己或朋友分享的照片缩略图，每张缩略图上方显示了发送图片者的名字，在图 4–24 中看到的是自己发布的照片。

（3）在图 4–24 中滑动手机屏幕，可看到更多的图片，如图 4–25 所示。触按缩略图，可在手机屏幕上看到大图。

（4）在图 4–25 所示界面中，触按发图者的名字，将显示该好友的相册界面，如图 4–26 所示。在这里可看到好友的相册内容，并且是按日期进行了分类的，如图 4-27 所示。

图 4-23 “朋友们”界面

图 4-24 “朋友圈”界面

提示 在查看好友的“详细资料”时，将显示如图4-28所示的界面，在这里也可看到好友的“个人相册”，触按个人相册也将显示如图4-26所示的界面，查看其分享的图片。

图 4-25 “朋友圈”其他信息

图 4-26 好友的相册界面

图 4-27 好友的相册内容

图 4-28 好友的详细资料

4.3.2 发布自己的图片和文字

看了好友的照片，是不是也想分享一些自己的图片呢？下面演示通过“朋友圈”分享图片的操作。

（1）在图 4–23 中，触按标题栏右上角的照相机图标按钮，将显示如图 4–29 所示的界面，提供了“拍照”和“从手机相册选择”命令按钮。

（2）在如图 4–29 所示的界面中，触按“拍照”按钮打开相机进行拍照，图 4–30 所示是进行拍照后的界面。

提示 如果拍的照片不准备发送到“朋友圈”中，可触按左下角的叉图标，触按右下角对勾图标可进一步设置要发送的图片。

（3）在图 4–30 中触按右下角的对勾图标将出现如图 4–31 所示的界面，在这里可对所拍照片加上滤镜，如加上麦田、玻璃镜、拍立得等各种滤镜。

（4）选择好要用的滤镜后，触按屏幕下方的对勾按钮，显示如图 4–32 所示的界面，就可以发送照片了。

图 4-29　发布微信

图 4-30　拍照后的界面

技巧 在这个界面中可以输入一些心情文字或对照片的说明，并可以设置照片的可见范围，提醒某些朋友前来查看照片等。

图 4-31　加滤镜

图 4-32　准备发信息

（5）触按标题栏右上角的"发送"按钮，即可将照片分享到"朋友圈"中，其他好友就可看到了。

图 4-33 所示就是分享到"朋友圈"中的照片和说明文字。

技巧 除了可以在"朋友圈"中分享照片之外，也可直接分享自己的心情，而不用发送图片。具体操作方法是，在图4-33中长按标题栏右上方的照相机按钮，将显示如图 4-34所示的"发表文字"界面。

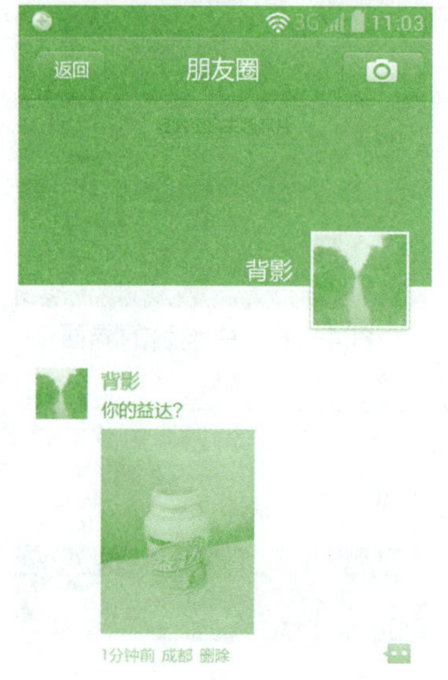

图 4-33　分享到朋友圈的照片

图 4-34　发表文字的界面

4.3.3　修改个人相册主题照片

图 4-33 最上方有一个很大的区域用来显示个人相册的主题照片，具体设置的操作步骤如下：

（1）触按上方的主题照片（最大图片），将显示如图 4-35 所示的命令。

（2）在图 4-35 中，触按"更换相册封面"按钮将显示如图 4-36 所示的命令列表，选择已有照片或重新拍一张照片作为主题照片。

（3）在图 4-36 中选择"摄影师作品"命令，微信将在网络中搜索摄影师的照片，并显示如图 4-37 所示的缩略图。

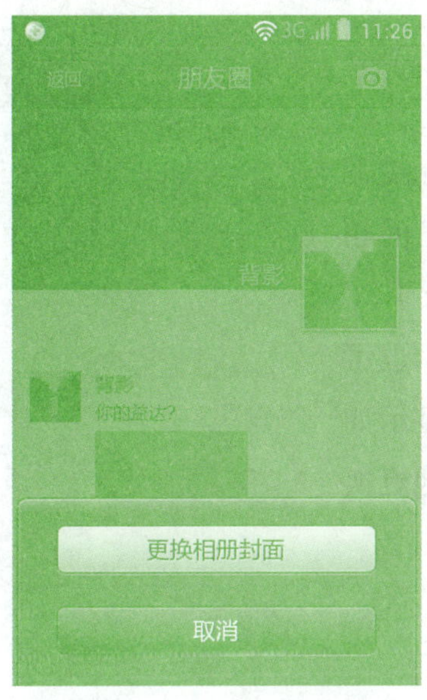

图 4-35 设置主题照片

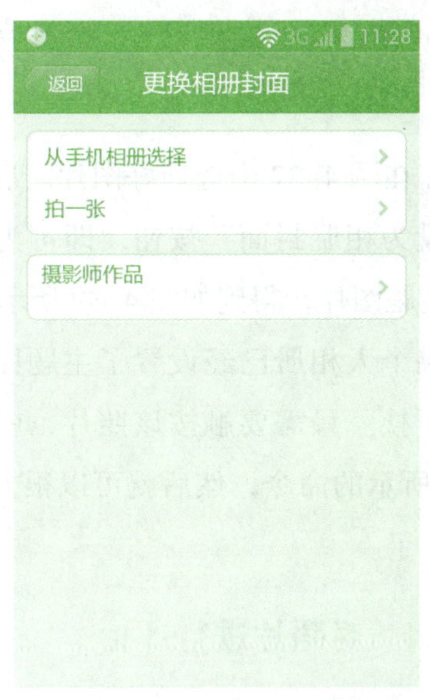

图 4-36 选择相册封面

向下滑动手机屏幕，可看到很多不同风格的缩略图。

（4）选择一张图片，将在手机屏幕中显示该图片，如图 4-38 所示。

图 4-37 摄影师作品

图 4-38 选择主题相片

技巧 在这个界面中左右滑动手机屏幕，可查看更多的大图片。

（5）在图 4–37 中选择好图片之后，触按下方的“设为相册封面”按钮，即可为自己的相册设置主题图片，得到如图 4–39 所示的效果。

图 4–39　确认主题照片

如果个人相册已经设置了主题照片，也可以随时更换。只需要触按该照片，就会显示如图 4–35 所示的命令，然后就可以很方便地更换主题照片了。

4.3.4　对照片进行评论

如前所述，在“朋友圈”中滑动屏幕可看到朋友的照片，也可对照片进行评论。

（1）图 4–40 显示的是照片的缩略图，在缩略照片右下角有一个评论按钮图标。

（2）触按评论图标，将弹出两个命令按钮，如图 4–41 所示。

图 4–40　照片缩略图

图 4–41　评论照片

提示 触按缩略图可看到放大的照片。

（3）在图 4–41 所示的界面中，触按“评论”按钮，将弹出输入评论的界面，如图 4–42 所示。

（4）在图 4–42 所示的界面中输入评论后，触按右侧的“发送”按钮即可将评论发送到在该照片下方，如图 4–43 所示。

图 4–42　评论照片的界面

图 4–43　照片的评论

第5章 如何扩大朋友圈子

在第3章中曾介绍过通过“附近的人”和“摇一摇”功能添加陌生朋友为自己的好友的方法。在微信中还有很多方法扩大自己的朋友圈子，如可通过好友的QQ号、手机号、微信号将其添加为自己的好友，还可以扫描别人发布的二维码名片来添加好友。

5.1 添加明星为微信好友

在有的情况下（如路边广告），人们只有很短的时间查看信息，这时发布适宜人记忆的号码（如微信号、QQ 号、手机号）就更方便。对于收集到的这类号码，我们也可方便地添加到微信中。

例如，在公交车上看到歌星王力宏的微信号为 wlhmusicman，则可用以下方法将其添加为好友：

（1）在微信主界面中触按下方的“朋友们”按钮，显示如图 5-1 所示的界面。

（2）在图 5-1 所示界面中触按“添加朋友”命令添加微信好友，这里将显示如图 5-2 所示的界面，在这里可看到微信提供了很多添加朋友的方式。

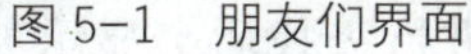
图 5-1　朋友们界面

图 5-2　添加朋友界面

（3）在图 5-2 中触按“搜号码”命令，显示如图 5-3 所示的界面，从提示文字可看到，可以搜索微信号、QQ 号、手机号、公众账号。这里输入王力宏微信号 wlhmusicman。

（4）在图 5–3 所示界面中输入号码后，触按标题右上方的“查找”按钮即可进行查询，如果查找到相应账号的微信号，则会显示如图 5–4 所示的“详细资料”，在这里有好友的头像、名称、个性签名等内容，如果是微信的公众账号还会有认证信息、历史消息等信息。

图 5–3　搜索微信号

图 5–4　个人详细信息

如图 5–5 所示是查找到的朋友的“详细资料”界面。

（5）在图 5–4 所示界面中，触按“关注”按钮即可关注该好友的公众账号，关注后将显示如图 5–6 所示的界面，在该界面的最下方有一个“取消关注”按钮，可取消对当前好友的关注。

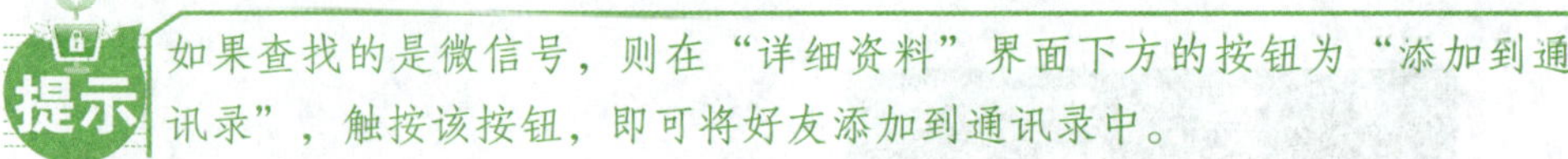

如果查找的是微信号，则在“详细资料”界面下方的按钮为“添加到通讯录”，触按该按钮，即可将好友添加到通讯录中。

如果输入的微信号、公众账号不存在，则进行查找后会显示如图 5–7 所示的“用户不存在”的提示信息。

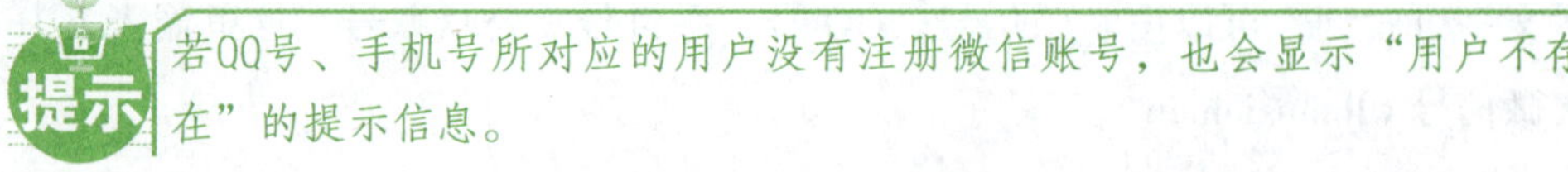

若QQ号、手机号所对应的用户没有注册微信账号，也会显示“用户不存在”的提示信息。

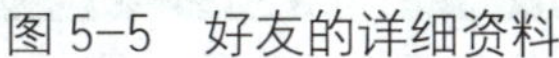
图 5-5 好友的详细资料

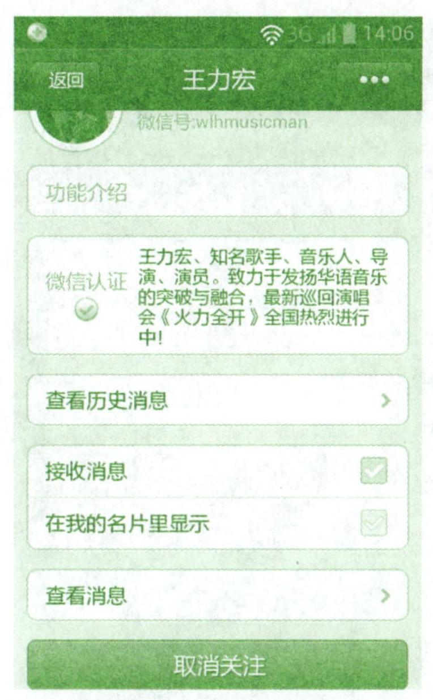

图 5-6 关注公众号

上面演示的是添加公众账号，如果查找的是普通微信账号用户，则与添加 QQ 好友类似，还需要向朋友发送一条验证信息。对方收到验证信息后，在其微信主界面下方的“通讯录”中将显示有新加朋友数量的小图标。触按主界面下方“通讯录”图标，将显示如图 5–8 所示的“通讯录”界面，这时屏幕下方“通讯录”按钮右上角有一个小数字 2，表示有 2 个新朋友请求验证。并且在通讯录列表最上方有一项“新的朋友”，其右侧也显示数字 2，表示有 2 个新朋友请求验证。

在图 5–8 中触按“新的朋友”，将显示如图 5–9 所示的界面，列出了请求验证的朋友，在下方还有近期已添加为好友的列表。要通过某个朋友的验证，可触按右侧的“通过验证”小按钮，这时将显示如图 5–10 所示的界面，在这里列出了对方资料及招呼信息，可触按“回复”按钮对其进行回复且不通过验证，也可触按“通过验证”按钮，将其添加到通讯录中。

若是一些长期骚扰的账号，则可触按“加入黑名单”按钮，以后就不会出现其验证信息了。

图 5-7　搜索不成功

图 5-8　通讯录

图 5-9　朋友推荐消息界面

图 5-10　用户详细资料

5.2 让你的朋友加入微信

在我们查找朋友的 QQ 号、手机号时，若出现图 5-7 所示的提示信息，说明该好友还未注册微信号，这时可以邀请他们注册微信。可以通过 QQ 号、手机号、邮箱、微博等多种方式邀请朋友加入微信。

5.2.1 邀请QQ好友

首先来看怎么邀请 QQ 好友加入微信，具体操作步骤如下：

（1）在图 5-3 中，触按“不知道加谁？去邀请朋友”，将显示如图 5-11 所示的界面。

提示 从该命令列表可看到，我们可邀请QQ好友、邮箱联系人、微博朋友、手机朋友加入微信。

（2）触按“邀请 QQ 好友”命令，这时微信将显示 QQ 好友的分组信息，如图 5-12 所示。

图 5-11 邀请朋友用微信

图 5-12 邀请 QQ 好友

（3）触按图 5-12 中的某一个分组，查看该分组中的好友列表，如图 5-13 所示，在每一个好友右侧都有一个复选框按钮，要邀请哪些 QQ 好友，就选中右侧的复选框。

（4）选择好 QQ 好友之后，触按右上方的“邀请”按钮，将显示如图 5–14 的提示信息。

图 5–13 查看好友

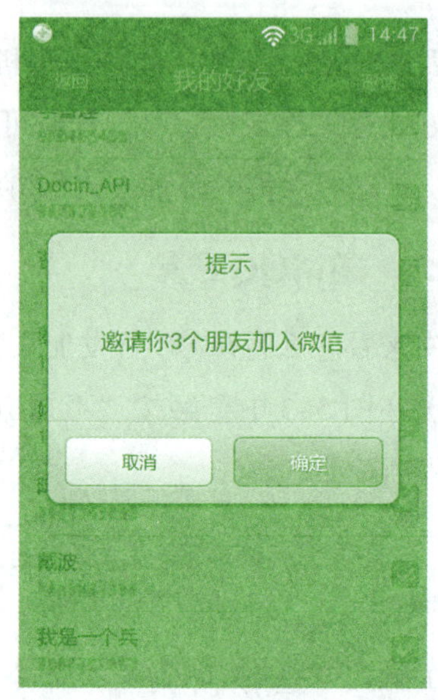

图 5–14 邀请好友的提示信息

在图 5–14 中触按“确定”按钮，即可向这几个 QQ 好友发送邀请信息。被邀请的 QQ 好友将收到一封邮件，邮件内容如图 5–15 所示。

图 5–15 邀请邮件内容

5.2.2 邀请邮箱联系人

我们也可以邀请在 QQ 邮箱的联系人来注册微信，其方法与邀请 QQ 好友类似，在图 5–11 中触按“邀请邮箱联系人”命令，将显示出 QQ 邮箱中保存的联系人信息，如图 5–16 所示，选中要邀请的联系人，接着触按右上角的“邀请”按钮，即可向这些邮箱中发送邀请邮件。

邀请微博朋友注册微信的操作类似，这里就不再做介绍了。

图 5-16 邀请邮箱联系人

5.2.3 邀请手机朋友

在微信中，除了可邀请网络上的联系人（如 QQ 好友、邮箱联系人、微博朋友）加入微信之外，还可以通过手机短信的方式邀请非在线朋友加入微信，操作方法很简单。

在图 5-11 中触按“邀请手机朋友”命令，将显示如图 5-17 所示的界面，在“接收者”中输入被邀请者的手机号码，下方是微信已编写好的短信内容，触按右侧的发送按钮即可将其发送出去，当然也可修改短信内容。

被邀请者的手机中将收到如图 5-18 所示的短信，这时，被邀请者可下载微信安装到手机中，然后注册使用微信。

图 5-17 邀请手机好友

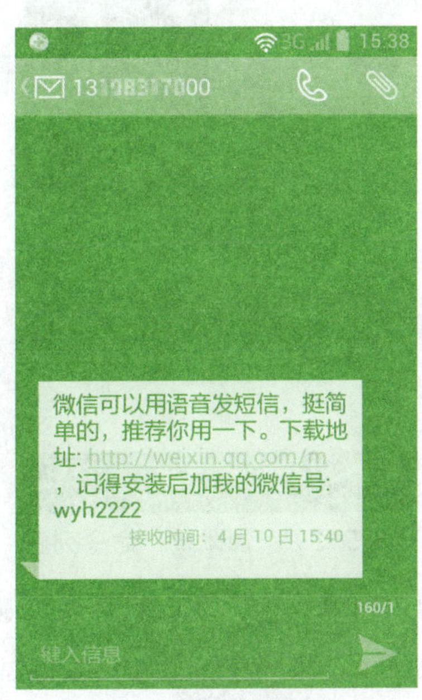

图 5-18 邀请短信

5.3 “扫一扫”认识新朋友

通过二维码添加朋友，是微信中最方便的方式。在微信中有多种方式扫描二维码添加朋友。

第一种方式是在微信主界面中，通过触按标题栏右上方的魔术棒按钮扫描，具体操作步骤如下：

（1）在微信主界面中触按标题栏右上方的魔术棒按钮，打开下拉命令列表，如图 5-19 所示。

（2）在列表中触按“扫一扫”命令，这时将显示扫描二维码的界面。

（3）调整手机的摄像头，使其对准二维码名片，让二维码图案位于取景框内，如图 5-20 所示。

图 5-19 “魔术棒”命令列表

图 5-20 扫描二维码

（4）稍停一会，在取景框内将显示“已扫描，正在加载名片”的提示，然后会显示二维码中包含的详细信息，若是普通微信号的二维码名片，将显示该微信号的头像、名字、地位、个性签字、个人相册等信息。

若是公众账号的二维码名片，将显示该公众账号的头像、名字、认证信息、历史信息等内容。

第二种方式是扫描二维码名片添加朋友的操作是在“朋友们”界面中。具体操作步骤如下：

（1）在微信主界面中触按屏幕下方的“朋友们”按钮，打开“朋友们”界面，如图 5–1 所示。

（2）触按“添加朋友”命令，打开“添加朋友”界面，如图 5–2 所示。

（3）在图 5–2 所示界面中触按“扫一扫”命令，即可打开如图 5–20 所示的界面，然后即可扫描二维码名片。

5.4 将 QQ 好友转为微信好友

在本章开始，就介绍了通过“搜号码”的方式将 QQ 好友添加为微信好友的方法，不过那种方法的效率比较低，需要逐个输入好友的 QQ 号码。

其实，可以用更方便的方法将 QQ 好友添加到微信中，就是将 QQ 好友用列表显示出来，然后逐个选择是否加入到微信好友中。具体操作步骤如下：

（1）在微信主界面中触按屏幕下方的“朋友们”按钮，切换到“朋友们”界面，如图 5–1 所示。

（2）触按“添加朋友”命令，打开如图 5–2 所示的“添加朋友”界面。

（3）在如图 5–2 所示的界面中，触按“从 QQ 好友列表添加”命令，将显示 QQ 好友的分组列表，选择一个分组后，将显示该分组中的 QQ 好友列表，如图 5–21 所示。

从好友列表可看到，如果某个QQ好友已注册了微信，其右侧将显示“增加”文字，若QQ好友还未注册微信，其右侧将显示“邀请”文字，如果QQ好友已经被添加到微信中，其右侧将显示“已添加”文字。

（4）在 QQ 好友列表中找到要添加的好友，触按该好友，将显示如图 5-22 所示的好友“详细资料”。

（5）在图 5-22 中触按“添加到通讯录”按钮，即可将该 QQ 好友添加到微信通讯录中。

图 5-21　QQ 好友列表

图 5-22　好友详细资料

如果 QQ 好友还未注册微信，触按该 QQ 好友时将显示如图 5-23 所示的界面，在这里显示了好友的 QQ 号码，下方有两个按钮，触按“发送邀请”按钮，就会进入类似 5.2.1 节中邀请 QQ 好友的操作，给 QQ 好友发送一封邀请邮件。由于邮件的时效性没有 QQ 消息强，因此，这里用得多的是另一个按钮——“发 QQ 消息”。

在图 5-23 中触按“发 QQ 消息”按钮后，将显示如图 5-24 所示的界面，这个界面类似于微信中进行 1 对 1 的聊天界面。在下方文字框中输入聊天的文字，再触按右侧的“发送”按钮即可将输入的消息发送到好友的 QQ 聊天窗口中。

由于双方不是在QQ应用程序中，因此在这里发送的消息是以离线的形式发送的。这就需要在微信中启用“QQ离线助手”这个插件，并允许接收离线消息。如果在微信中不允许接收离线消息，则在图5-24中发送消息时将显示如图5-25所示的提示信息，并且QQ消息不能发送出去。

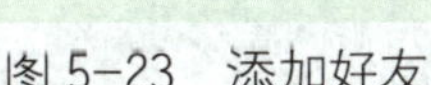

图 5-23 添加好友

图 5-24 发送邀请

这时，就需要对插件功能进行设置，具体操作步骤如下：

（1）返回到微信主界面，触按屏幕下方的“设置”按钮进入“设置”界面。

（2）在“设置”界面中触按“功能”命令，打开如图 5-26 所示的“功能”界面，在这里可看到“已启用的功能”中包含“QQ 离线助手”。

图 5-25 对方无法接收离线信息

图 5-26 启动功能列表

提示 若未启用，则需要滑动手机屏幕，在下方“未启用的功能”列表中找到该插件，并启用。

（3）在图 5–26 所示的启动功能列表中触按“QQ 离线助手”，打开如图 5–27 所示的界面，对“QQ 离线助手”的功能进行设置，重点是使“接收离线消息”处于选中状态（其右侧复选框被勾上）。

进行以上设置之后，再回到如图 5–24 所示的“发 QQ 消息”界面中发送 QQ 离线消息即可。

注意 若微信账号的密码和QQ账号的密码不同，还会出现如图5–28所示的界面，要求输入QQ账号的密码，才能将QQ离线消息发送出去。

图 5–27 选择“接收离线消息”

图 5–28 输入 QQ 密码

QQ 好友在电脑中的 QQ 界面里将收到微信发送的这一条消息，显示效果如图 5–29 所示。单击下方的链接可打开微信网站。

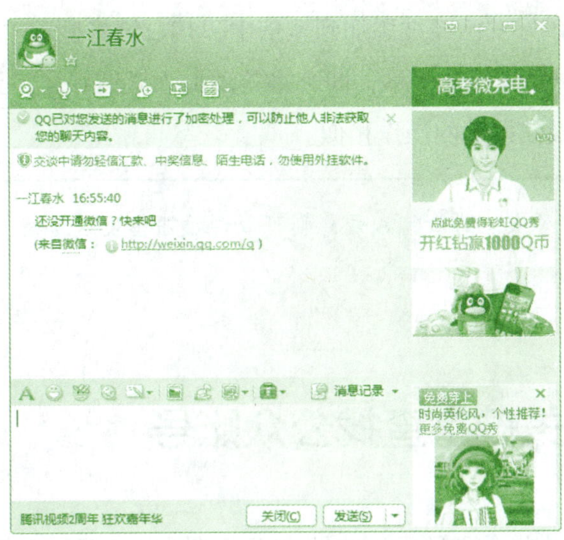

图 5–29　好友在电脑中收到信息

5.5 添加手机通讯录好友到微信

与添加 QQ 好友到微信类似，也可以将手机通讯录中的好友添加到微信中，具体操作步骤如下：

（1）在微信主界面中触按屏幕下方的“朋友们”按钮，切换到“朋友们”界面，如图 5–1 所示。

（2）在如图 5–1 所示的界面中，触按“添加朋友”命令，打开如图 5–2 所示的“添加朋友”界面。

（3）在如图 5–2 所示的界面中，触按“从手机通讯录列表添加”命令，将显示手机通讯录中的好友列表，如图 5–30 所示。与 QQ 好友列表类似，若该手机好友已经注册了微信，其右侧将显示“添加”文字，若还未注册微信，其右侧将显示“邀

返回　查看手机通讯录
青川麟　+添加
谭迎成　+添加
吴刚军　+添加
袁能　+添加
艾普张　邀请
梁军　邀请
汪生　邀请
张育生　邀请

图 5–30　查看手机通讯录

请”文字，如果该好友已经被添加到微信中，其右侧将显示“已添加”文字。

在图 5-30 中触按朋友名称，即可将其添加为微信好友，具体添加操作与添加 QQ 好友为微信好友的操作相似。

若该好友还未注册微信账号，则可以通过短信发送邀请信息。

5.6 通过关键字查找公众账号

现在，微信的公众账号成为营销中不可或缺的工具。在第 2 章介绍注册微信账号时介绍了如何注册公众账号，这里再介绍一下如何查找公众账号。

与5.1节中介绍的查找方法不同，对于公众账号，我们可以按关键字进行搜索（普通微信号不能按名称的关键字进行搜索）。这样，我们就可以在上千万的公众账号中找出自己感兴趣的，并加以关注。

例如，要查找与教育相关的公众账号，可按以下步骤进行操作。

（1）在微信主界面中触按屏幕下方的“朋友们”按钮，切换到“朋友们”界面，如图 5-1 所示。

（2）在图 5-1 所示界面中，触按“添加朋友”命令，打开图 5-2 所示的“添加朋友”界面。

（3）在图 5-2 所示界面中，触按“查找微信公众账号”命令，将显示如图 5-31 所示的界面，在其中输入搜索的关键字“教育”。

（4）在图 5-31 中输入关键字后，触按右侧的搜索按钮（一个放大镜图标），可查找出类似图 5-32 所示的相关公众账号，可以看到，这些公众账号的名字中都包含“教育”这个关键词。

（5）在图 5-32 中触按感兴趣的公众账号，就会显示该公众账号的“详细资料”，如图 5-33 所示是查看“环宇教育”的详细资料。触按下方的“关注”

按钮，即可将该公众账号添加到通讯录中。

图 5-31　查找公众账号

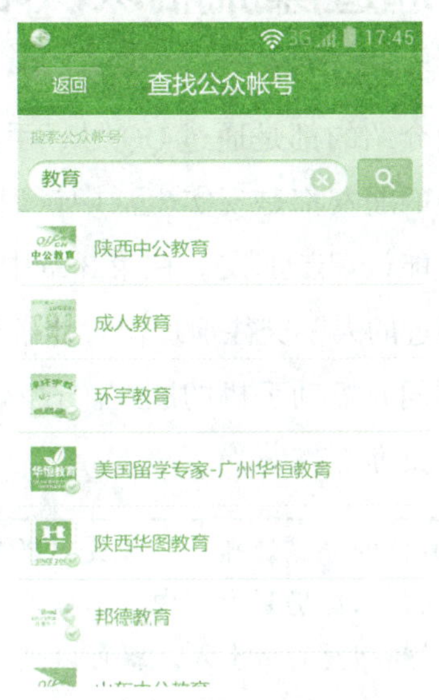

图 5-32　搜索关键字“教育”

提示

当然，如果输入更确切的公众账号名字信息，其搜索得到的结果就会更少。例如，若搜索明星“黄海波”的公众账号，则可直接输入其名字，得到如图5-34所示的结果。

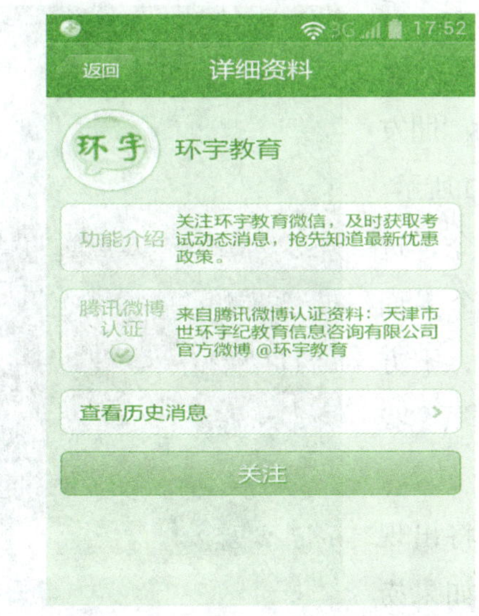

图 5-33　搜到的相关公众账号

图 5-34　查找公众账号示例

5.7 通过漂流瓶认识陌生朋友

前面介绍的都是通过 QQ 号、手机号、邮箱等方式来添加微信好友，这些方式中的朋友都是现实生活中认识的朋友。为了扩大朋友圈的范围，很多人都希望能认识新朋友。在第 3 章中曾介绍过 2 种方法认识陌生朋友：一是通过“附近的人”交往地理位置比较近的朋友，另一种方法是通过“摇一摇”功能找到同时摇动手机的朋友。在本章最后，我们再介绍一种认识陌生朋友的方法：漂流瓶。

微信的“漂流瓶”功能是从QQ的“漂流瓶”移植过来的，用户可在这里输入信息后扔到大海中，由其他未知的用户从大海中捞起漂流瓶，如果遇到兴趣相投的陌生人，就可以进行聊天，然后逐步发展成为熟悉的朋友。

与 QQ 中的漂流瓶不同的是，微信的漂流瓶中可以装一条语音信息扔出去。

5.7.1 捡瓶子

在漂流瓶功能中，可以从大海中捞瓶子，看看陌生朋友发送的信息。捞瓶子的操作如下：

（1）在微信主界面中触按屏幕下方的“朋友们”按钮，打开“朋友们”界面，如图5-1所示。

（2）在图 5-1 中触按“漂流瓶”命令，进入漂流瓶界面，如图 5-35 所示。在这个界面中上面大部分区域显示为一个大海图形，下方有 3 个图标，分别是“扔一个”、“捡一个”、“我的瓶子”。

图 5-35　漂流瓶界面

（3）触按下方的“捡一个”图标，将出现一段动画，显示从大海捞瓶子的动作，如果捞起了一个瓶子，将显示如图 5-36 所示的效果，在瓶子下方显示“打开瓶子”文字。

提示 如果没有捞到瓶子会显示一个海星图标，几秒钟后会自动消失。

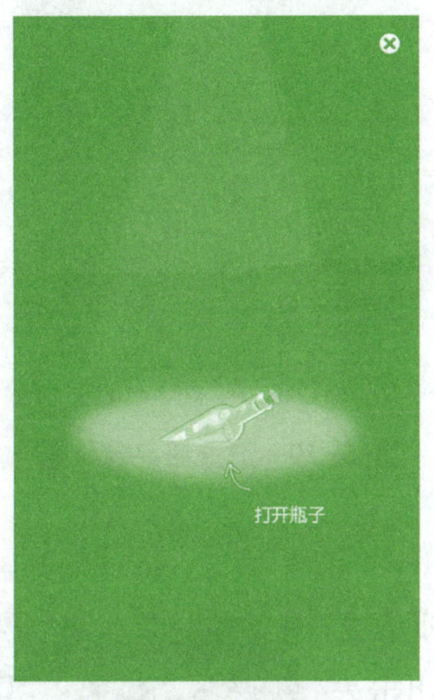

图 5-36 捞瓶子

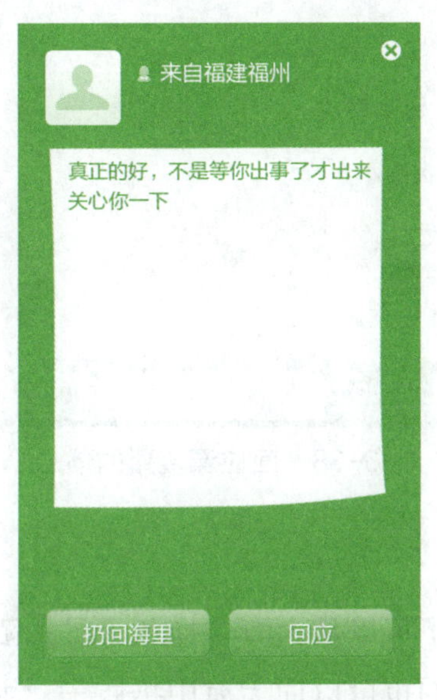

图 5-37 来自漂流瓶的信息

（4）在图 5-36 中触按捞到的瓶子，将打开如图 5-37 所示的界面，在这里显示了网友的一段文字或语音。若对其话题没有兴趣，可触按左下方的“扔回海里”按钮将它扔回海里。

（5）若对漂流瓶中的话题感兴趣，可触按右下角的“回应”按钮，将打开如图 5-38 所示的微信聊天界面，这时可通过文字、语音、图片、视频等方式与这个陌生朋友聊天。

（6）在与陌生朋友聊天时，若发现有必要互加好友，可在图 5-38 中触按标题栏右上角的图标，将显示如图 5-39 所示的界面，在这里与这位朋友打招呼，互加好友。

这样，就可找到有相同爱好的朋友了。

图 5-38　回应漂流瓶的信息

图 5-39　漂流瓶好友信息

5.7.2　扔瓶子

除了可以从大海中捞瓶子寻找陌生朋友之外，我们也可以向大海中扔瓶子，主动出击去寻找朋友。具体的操作如下：

在扔瓶子时，可以发一段语音或者文字，这些内容将被装进瓶子扔向大海。

（1）在图 5-35 中，触按左下角的“扔瓶子”图标，将显示如图 5-40 所示的界面。与微信聊天界面类似，默认状态下是语音状态，按住下方长条按钮就可说话，录制一段语音。

图 5-40　扔瓶子

（2）若想将一段文字装到瓶子中，则可在图 5-40 中触按左下角的键盘图标，将显示如图 5-41 所示的文字输入界面。

（3）在图 5-41 中输入一段文字，再触按“扔出去”长条按钮，就可将这段文字装入瓶中并扔到大海中。

如果有陌生朋友捞起这个瓶子，并对其中的话题有兴趣，则可以与你进行聊天。

这是从结交陌生朋友角度来看扔瓶子的功能，在企业营销时，也可以将企业广告、产品介绍等内容通过漂流瓶的形式进行随机推广，有关内容在本书第7章中将会进行介绍。

注意 微信中每天捡瓶子和扔瓶子的数量有所限制，并不能无限地向大海中扔漂流瓶，目前的限制是每天只能捡20个瓶子、扔20个瓶子。当捡瓶子的次数用完后再触按“捡一个”图标时将显示如图5-42所示的提示信息。

图 5-41 输入文字信息

图 5-42 捡瓶子超限提示

第6章 用微信与客户沟通

现在，商家与客户的沟通途径非常多，常见的有电话、手机短信/彩信、QQ、阿里旺旺、电子邮件等。随着熟悉互联网应用的年轻一代成为消费的主力，在线沟通工具成了这些客户与商家沟通的首选工具。

6.1 1对1的客户服务

自从2011年微信推出以来，现在它已成了商家与客户进行沟通的首选工具，因为微信不但能与客户互发图文聊天信息，也可以发送语音、视频，甚至还可以进行实时对话、视频通话，这些功能为与客户沟通提供了充足的渠道。例如，对于在网上销售产品的商家，可以通过发送一段视频让客户充分了解产品的外观、性能，这比一大篇文字介绍更直观；也可与客户进行实时对讲，了解客户的真实需求，为其推荐适合的产品；对于需要到店的客户，可直接发送门店所在位置信息，为客户提供方便快捷的导航服务。

微信还提供群聊功能，可以方便地为商家提供与众多客户交流、答疑提供平台。

在本书第3章中介绍了与好友进行文字、图片聊天，以及发送视频、发送位置信息的操作方法，这些方法在与客户进行沟通时应充分利用。在微信提供的1对1聊天服务中，除了第3章介绍的这些方式外，还提供了更多的方式，下面介绍这些方式的使用方法。

6.1.1 给客户一个表情

在日常交流中，我们往往会发现，在某些时候，非语言沟通可以起到普通语言文字所无法达到的作用。一个人的动作、表情、语调、眼神等都可以起到传情达意的目的。可是，在通过网络这种虚拟环境交流时，如何表达这种动作、表情呢？于是聊天表情就应运而生了。

微信提供了很多内置的表情，其中既有QQ表情（如图6–1所示），又提供了符号表情（如图6–2所示）和动画表情（如图6–3所示）。

从图6–1至图6–3可以看到，微信提供的表情有很大的表现力，这些表情简便、活泼、自由、形象，更提供了多元化理解的空间。如比较常用的一些表情：微笑、惊讶、得意、调皮、尴尬、惊恐、生病等，这些表情本身都可以形象地表达一个人的心理或者近况，省去了打字甚至长篇大论的时间，更可以让对方去多元化地理解，例如生病，对方可以理解为我是真的病了，也可以理解为对一个事件比较消极的看法，这些多元的理解，提供了交流双方的“含蓄美”及“无需言表”等功能。这也是表情符号中更为深层的功能。

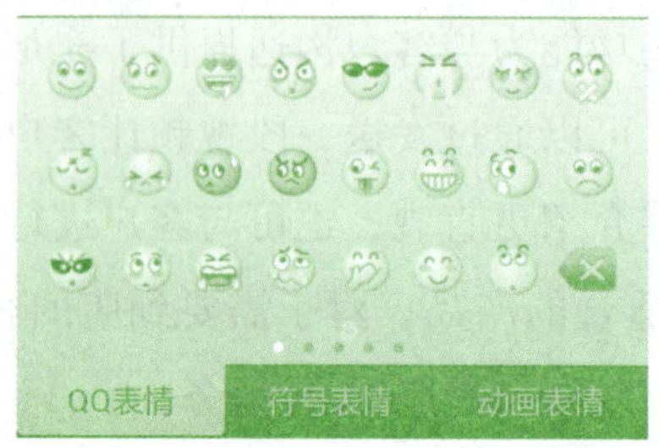

图 6-1　QQ 表情

图 6-2　符号表情

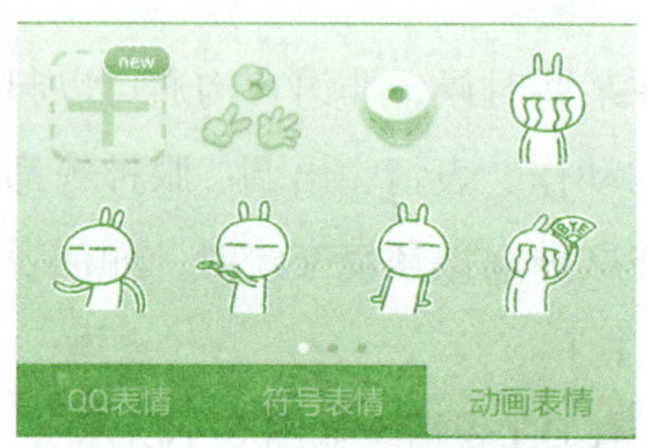

图 6-3　动画表情

在微信中与客户沟通时，要善于使用表情拉近与客户的心理距离。例如，通常在客户发来信息时，可首先发送一句问候或欢迎的文字，并加上一个微笑的表情，既可让客户感觉比较轻松，又可拉近与客户的心理距离。

下面演示如何在聊天中发送这些表情。例如，有客户通过微信发来咨询信息，如图 6–4 所示，这时就可按以下步骤发送表情。

图 6–4　客户咨询信息

（1）在图 6–4 所示的聊天界面中，触按屏幕下方的加号图标显示如图 6–5 所示的界面。

（2）在图 6–5 中，触按屏幕下方的“表情”图标，在屏幕下方将显示如图 6–6 所示的表情列表。从屏幕底部的选项卡可看出，有 3 类表情可选择，触按选项卡名称就可切换对应的表情列表（如图 6–1 至图 6–3 所示）。如果想删除选中的表情图标，触按表情列表右下角的叉图标即可删除。

图 6–5　回复客户信息

图 6–6　插入表情图标

注意

在使用“动画表情”时，触按选择的表情将马上发送出去，不会出现在发送文字框中。因此，在发送“动画表情”时需要选择确定好后再触按，否则给客户发送了错误的表情，麻烦就大了。而“QQ表情”和“符号表情”都会首先放在发送文字框中，直到触按“发送”按钮才发送出去，在未发送出去之前发现表情选择错误，还可以将其删除。

（3）将表情图标放到发送文字框之后，还可以接着在文字框中输入文字，且文字之间也可以插入表情图标，如图 6–7 所示。

（4）在图 6–7 中选择好表情图标，并输入要发送的文字后，触按右侧的“发送”按钮，即可将表情图标和文字发送出去。在聊天窗口中可看到如图 6–8 所示的效果。

图 6–7　输入文字信息

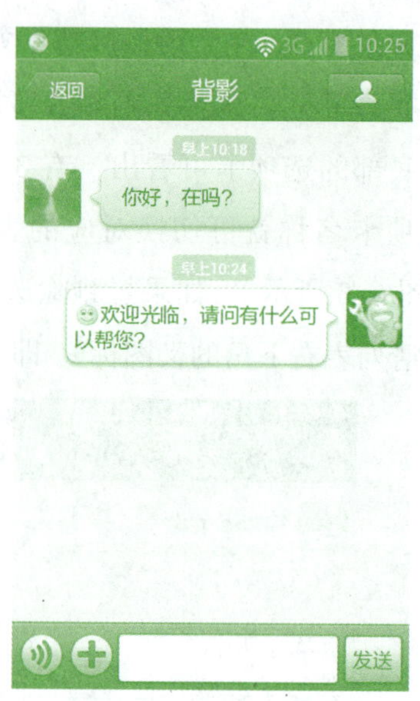

图 6–8　发送表情图标

6.1.2　发送好友的名片

在客服人员与客户沟通过程中，经常会遇到客户咨询的问题不属于自己处理范围，而是由另一个同事处理的情况。这时，可以通过微信的发送名片功能，将另一个同事的微信号发送给客户，客户只需要触按一下就可将其添加为好友，继续进行相关的咨询事宜。

提示　这种操作类似于电话咨询中将电话转接到另一分机。

下面演示在微信中发送名片的操作。如图 6–9 所示，当客户咨询的“平板电脑”业务归另一个同事处理时，可按以下步骤将该同事的名片发送给客户。

（1）在图 6-9 中触按屏幕下方的加号按钮打开如图 6-10 所示的界面。

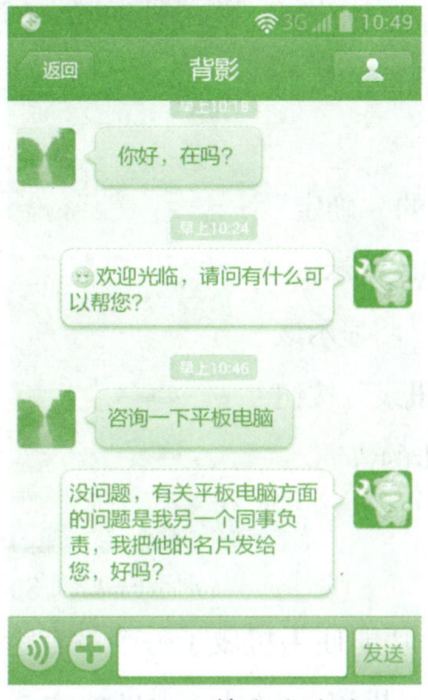

图 6-9　回答客户咨询

图 6-10　加号按钮命令图标

（2）在图 6-10 中触按屏幕下方的“名片”图标，显示如图 6-11 所示的“选择联系人”界面，列出了通讯录中所有的联系人。

图 6-11　选择联系人

图 6-12　推荐给朋友

（3）在图 6–11 中触按选择处理“平板电脑”业务的同事的微信号，将显示“推荐给朋友”界面，如图 6–12 所示，在这里显示了选择的联系人的名片，以及推荐给哪一位朋友。

（4）在图 6–12 中触按标题栏右上方的“确定”按钮，即可将名片发送给客户，如图 6–13 所示。

（5）客户收到名片后，触按名片图标，将显示该客服人员的资料，触按下方的“添加到通讯录”按钮即可加其为微信好友，然后就可进行进一步的咨询。

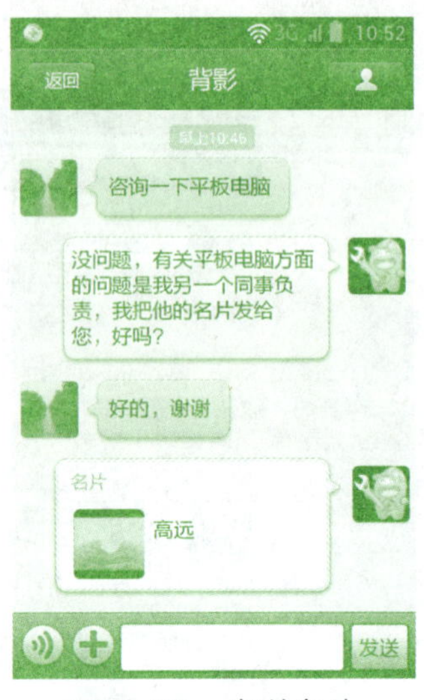

图 6–13　发送名片

6.1.3　与客户进行实时对讲

微信 4.5 版支持实时对讲功能，这个功能使手机成了一个没有距离限制的对讲机。如果所处环境有 wifi 或开通了手机流量包月，则可认为这个对讲机功能是免费的。也就是说，对讲双方可以免费通话，这就比微信发送语音更有时效性。

技巧 在用微信做客户服务时，合理地使用对讲机功能，可以加速与客户的交流，提高沟通效率。

微信的对讲功能可以由聊天双方的任意一方发起，另一方参与即可。例如，在与客户沟通的过程中，对一个比较复杂的问题，通过文字、图片比较难于描述、解释清楚，则可发起实时对讲，通过对讲机功能与客户实时语音交流。具体操作步骤如下：

（1）在聊天窗口中触按屏幕下方的加号按钮，打开如图 6–14 所示的功能界面。

（2）在图 6–14 中触按屏幕下方的“实时对讲机”图标，将显示如图 6–15 所示的对讲机界面，等待对方的加入。

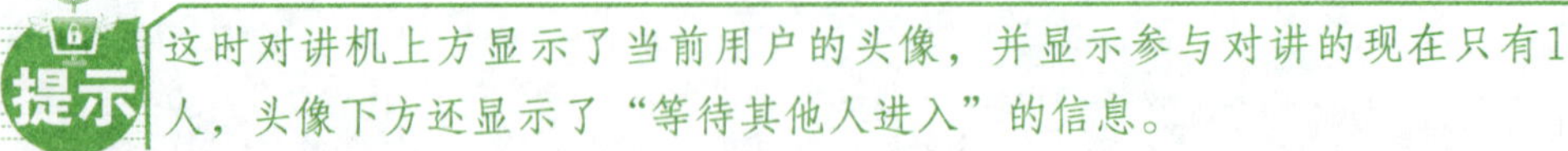

提示 这时对讲机上方显示了当前用户的头像，并显示参与对讲的现在只有 1 人，头像下方还显示了“等待其他人进入”的信息。

图 6-14　加号的功能界面

图 6-15　实时对讲机

（3）当对方加入实时对讲后，对讲机画面中将显示对方的头像，同时可看到人数变为了 2 人，如图 6–16 所示。

（4）在对讲机界面中，触按下方大圆形按钮不放，就可开始说话，图 6–17 所示就是自己正在说话时的效果，这时对方手机中就可听到你说话的声音。

图 6–16　对方加入实时对讲

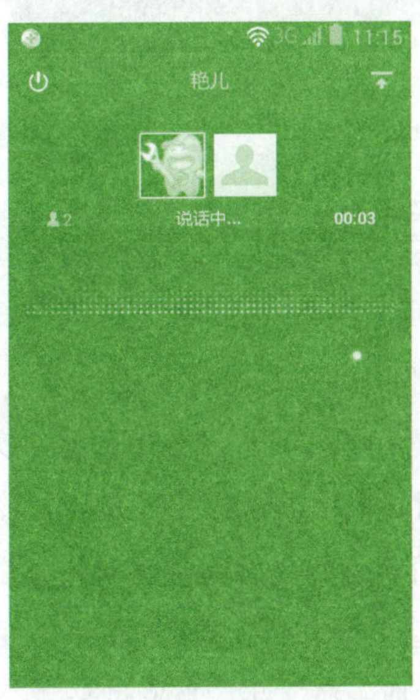

图 6–17　自己说话时的效果

（5）说完后松开圆形按钮，可以听对方说话。当对方按住圆形按钮进行说话时，在对讲机界面中可看到如图 6–18 所示的界面，在头像列表下方显示使用对讲机说话者的名字。

（6）触按对讲机右上角的折叠按钮，将显示如图 6–19 所示的提示，将对讲机隐藏，但仍然可听到对方讲话。

图 6–18　对方讲话

图 6–19　隐藏对讲机

提示 如图6–20所示就是隐藏对讲机后的画面，如果对方正在说话，照样能听到声音，并且在微信主界面上方将显示“×××正在说话”的提示。若没人说话，主界面上方将显示“轻触此处回到实时对讲”提示信息，如图6–21所示，触按提示文字将显示如图6–16所示的对讲机界面。

在图 6–16 中，触按对讲机左上方的关闭按钮，将显示如图 6–22 所示的退出提示信息。这时触按“退出实时对讲”按钮，即可退出对讲机，这时对方在对讲机中讲话，就听不见了。

上面演示的是发起实时对讲，以及进行对讲的操作。由于实时对讲可由对方发起，当对方发起时，在主界面中将显示类似图 6–23 所示的提示，系统会自动生成一条文字信息发过来。

图 6-20 有人讲话时隐藏对讲机的效果

图 6-21 无人讲话时隐藏对讲机的效果

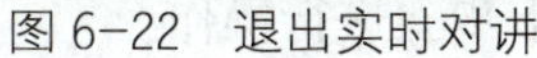
图 6-22 退出实时对讲

图 6-23 对方发起实时对讲

这时触按朋友图标查看信息，将显示如图 6-24 所示的聊天界面，并且在聊天界面上方有一条“1 人在实时对讲”的提示信息。触按该提示信息，即可加入到对讲界面中，得到类似图 6-16 所示的对讲机界面。

在实时对讲界面中，若对方退出对讲机，可以在对讲机界面中看到相应提示，如图 6-25 所示显示了“× × × 退出”的提示，显示的对讲人数也会由 2 变为 1。

图 6-24 和朋友对讲

图 6-25 退出对讲的提示

6.1.4 与客户进行视频通话

微信从 4.2 版开始就提供了视频通话功能，通过该功能可以与朋友进行视频聊天。在有 wifi 信号的地方，这种视频电话是免费的，并且视频成像效果很好（与 3G 手机提供的视频电话相比）。

在做客户咨询时，不但可以通过视频通话实时交流，还可以通过摄像头展示产品实物，这样，可与客户进行更深入的沟通，让客户更全面地认识产品，了解其外部特征及相关特性。

要使用视频通话向客户展示产品，可按以下步骤进行操作。

（1）在与客户进行沟通时，在聊天界面中触按屏幕下方的加号按钮，显示如图 6-14 所示的界面。

（2）在图 6-14 中触按下方的“视频通话”图标，将显示如图 6-26 所示的界面，有一个“发起视频聊天”按钮。

（3）触按“发起视频聊天”按钮，如果在发起视频聊天之前未与客户进行过文字、语音方面的沟通，将显示如图 6–27 所示的提示信息。

注意 为了保障用户的会话体验，微信为设置了免打扰模式，当微信聊天中，对方在10分钟内没有发过来消息，系统就会自动弹出提示信息，提醒用户先与好友取得联系。用户可以选择“发消息”来向对方发送“视频一下?”的文本消息，当双方联系上后，就可以进行正常视频聊天了。

图 6–26 发起视频聊天

图 6–27 免打扰提示

（4）若双方在 10 分钟内已经有聊天动作，则不会显示这个信息，而直接进入图 6–28 所示的邀请状态，等待对方接受邀请。

（5）在图 6–27 中触按“发消息”按钮，将会自动发送内容为“视频一下？”的文本消息给对方，如图 6–29 所示。

（6）对方收到消息后，如果也愿意进行视频通话，则可发送回来一个视频电话邀请，将显示如图 6–30 所示的界面。

（7）触按“接听”按钮则可接通视频通话，显示如图 6–31 所示的界面，对方的视频画面占满整个手机，自己的视频画面位于屏幕右上角的小窗口中。

图 6-28　邀请视频通话

图 6-29　发送邀请

图 6-30　接受对方视频邀请

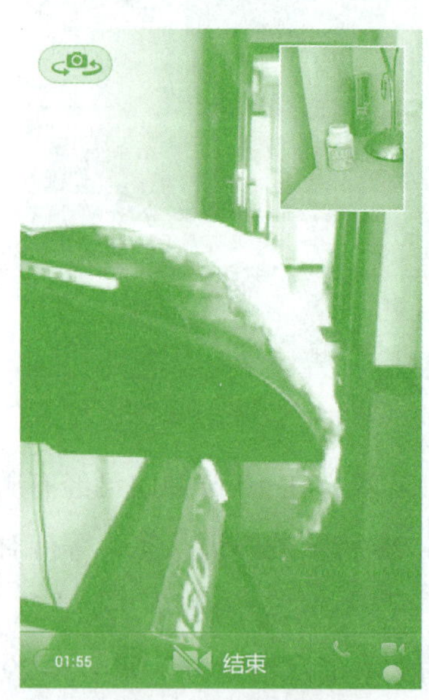

图 6-31　视频通话中

在图6-31所示的视频画面中，触按左上角的摄像头图标可切换前后摄像头（默认状态使用的是前置摄像头，触按左上角摄像头图标后可切换到后置摄像头）。

（8）在双方进行视频通话时，若不想让对方看到视频，也可关闭视频，只使用语音实时通话。触按图 6–31 右下角的切换按钮，即可切换到语音模式，这时将关闭视频画面，显示图 6–32 所示的界面，并提示现在处于语音模式。

（9）在语音模式状态下，要切换到视频模式，在图 6–32 中触按右下角的切换按钮，从语音模式切换到视频通话模式时，还需要对方也进行切换，如图 6–33 所示，在按钮上方将显示“正在等待对方切换到视频模式”提示。当对方也切换到视频模式后，就可恢复到图 6–31 所示的视频通话界面。

图 6–32　语音模式

图 6–33　切换到视频模式

（10）要结束视频通话，在如图 6–33 所示的界面中触按屏幕下方的“结束”按钮即可。

在微信中使用视频通话要比实时对讲消耗更多的流量，一般建议在wifi环境中使用。其实，微信在这方面非常贴心，会根据所处的网络环境进行智能设置，非wifi环境下进行视频通话时微信会对用户进行提示，并进行降级处理（即降低画质），帮助用户节省流量。

6.2 1对多的群聊服务

除了两个人"直聊"之外，微信能否实现如同QQ那样的群聊功能呢？答案是肯定的！

在微信中灵活使用群聊功能，可为营销提供更多的帮助。例如，若准备改进某款产品，这时可邀请一部分客户进行测试，将这些测试用户和开发人员组建一个群，这样，在群里测试用户、开发人员之间就可以方便讨论产品的不足。不再需要客服人员记录测试人员发现的问题，再转交给开发人员。

那么，在微信中该怎么创建群、管理群呢？

6.2.1 如何创建群

在微信中创建一个群很简单，可按以下步骤操作：

（1）在微信主界面中单击标题栏右上方的魔法棒图标，打开如图6–34所示的界面。

（2）在图6–34中触按"发起聊天"命令，打开"选择联系人"界面，如图6–35所示。在这个界面中逐个勾选想要添加到微信群里面的好友，屏幕下方将显示选中好友的头像，右下角"确定"按钮中将显示选中好友的数量。

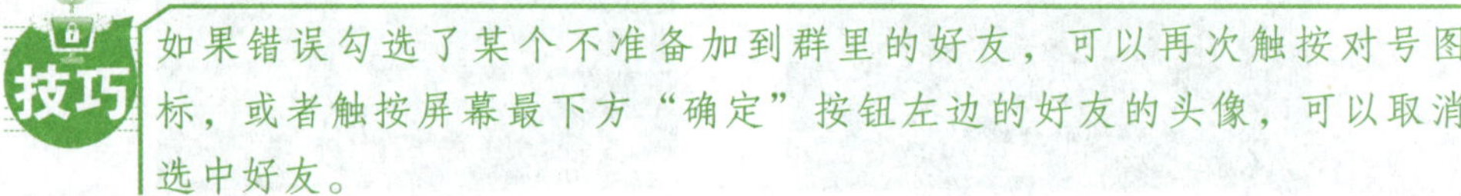

技巧 如果错误勾选了某个不准备加到群里的好友，可以再次触按对号图标，或者触按屏幕最下方"确定"按钮左边的好友的头像，可以取消选中好友。

（3）选中要添加到群中的好友之后，触按右下角的"确定"按钮，耐心等候微信群的创建。稍等片刻，即可创建成功，显示如图6–36所示的聊天界面，在这里可以发送语音、文字、图片、视频、位置等信息。在群中发送的信息，群中每一位好友都可以看到。

创建群之后，如果触按标题栏左上角的"返回"按钮，将退出"群聊"界面，将返回到微信主界面，在主界面中可以看到创建的群，如图6–37所示。

图 6-34 “魔法棒”界面

图 6-35 选择联系人

提示 这时群的名字是由群中所有好友的名字组成的，触按该群又可打开“群聊”界面，进入如图6-36所示界面，继续与群中这些好友进行沟通交流。

图 6-36 群聊界面

图 6-37 微信主界面中的群显示

6.2.2 如何管理群

从以上创建群的过程可以看出，在微信中创建群很方便，并且具有一定的随意性，可以随时用几个好友创建一个群，然后在群中进行交流。如果不是一个临时的群，又该怎么管理这个群呢？例如，如何往群中添加一个新的好友？如何删除群中的一个好友？

其实，微信也可以对群进行有效的管理，而且操作很简单，下面分别进行介绍。

1. 设置群名称

从图 6-37 可看到，对于创建的群，其默认名称是由群中所有好友的名称来构成的，这种名称显然不友好。对于需要长期使用的群，可以为其设置一个简单明了的名称。

（1）在图 6-37 中打开“群聊”界面，如图 6-36 所示。也可在如图 6-34 所示的魔法棒下拉命令中选择“发起聊天”命令，打开图 6-38 所示的“选择联系人”界面。在这里触按“选择一个群”，将打开如图 6-39 所示的“选择群组”界面，从中触按选择一个群，即可进入该群的聊天界面。

图 6-38　选择联系人

图 6-39　选择群组

（2）在图 6-36 中触按标题栏右上角的按钮，将显示如图 6-40 所示的“聊天信息”界面。

技巧 在这个界面中可看到标题栏中显示了群中的人数，下方显示了群中各好友的头像。

（3）在图 6-40 中触按“群聊名称”命令，将显示如图 6-41 所示的“修改群聊主题”界面。

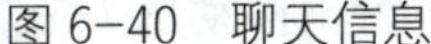

图 6-40　聊天信息

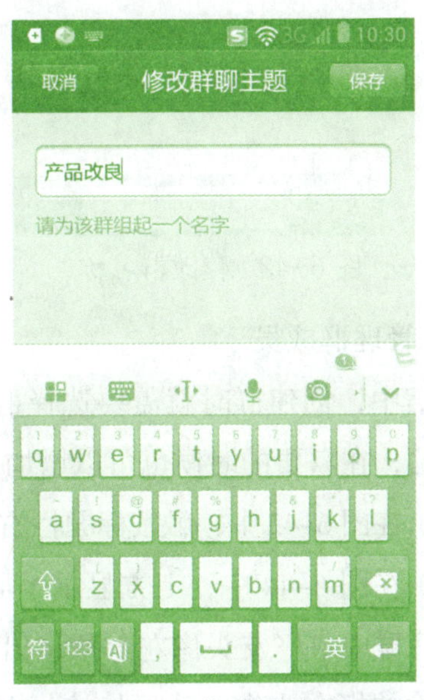

图 6-41　修改群聊主题

（4）在图 6-41 中输入名称，触按“保存”按钮，即可为该群设置一个名称，并返回到图 6-42 所示的界面。可以看到，群聊标题栏中的名称已经被修改为设置的名称。

修改群名后，在聊天界面中会有一条提示信息，提示群名已被修改。

（5）在图 6-42 中触按标题栏右上角的“返回”按钮回到微信主界面，也可以看到群的名称已由多个好友的名称汇总改变设置的名称了，如图 6-43 所示。

图 6-42　修改群名称

图 6-43　微信主界面中的显示

2. 管理群成员

微信中，创建群时就需要选择群中的好友，不过，群中的好友并不是一成不变的，在需要的时候也可以增加或删除成员。

（1）在图 6-42 中，触按标题栏右上方的按钮，打开如图 6-44 所示的界面。

（2）在图 6-44 中，上方显示了群中好友的头像，触按好友头像下方的减号按钮，群中各好友头像左上角将出现一个减号小图标，如图 6-45 所示。触按要移除的好友头像，就可将该好友从群中移除。移动该好友后，其头像也会从图 6-45 中删除。

（3）如果向群中添加好友，则可在图 6-44 中触按加号按钮，这时将显示如图 6-46 所示的界面，从中选择需要加入到群中的好友。

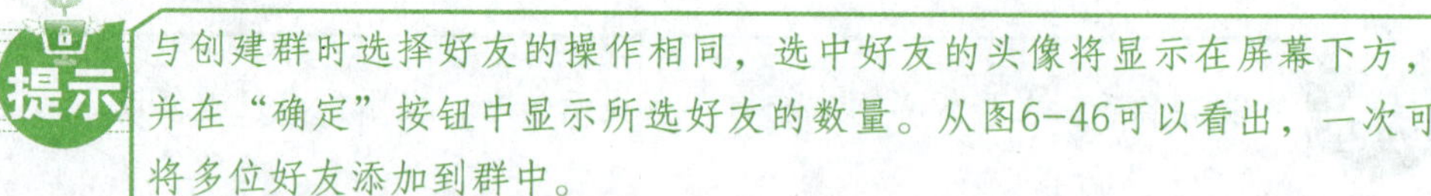

（4）在图 6-46 中选择好要增加到群中的好友之后，触按右下角的“确定”按钮，即可完成群中好友的添加操作。返加聊天界面，可以看到如图 6-47 所示的提示，提示邀请了哪些好友加入群聊。

提示 从图6-47中还可以看到，如果邀请加入群聊中的好友之间没有互相加为好友，将会提示注意隐私安全。

图 6-44　群聊信息

图 6-45　删除群成员

图 6-46　添加参与人

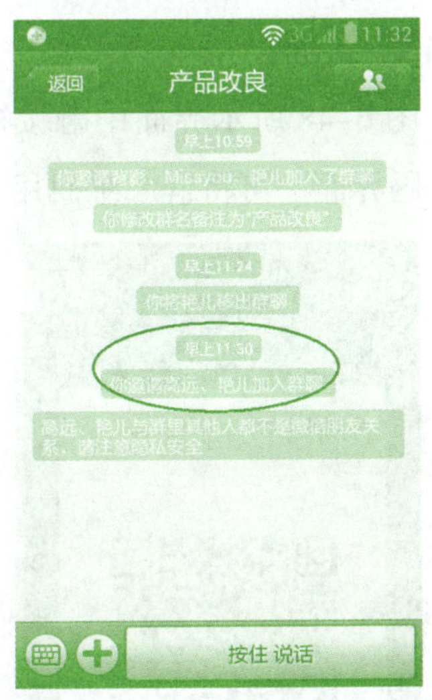

图 6-47　群聊界面的提示信息

3. 主动加入群

除了可以由群创建者（群主）将好友添加到群之外，对于一个公众话题，群主还可以通过发布群二维码名片，让其他朋友主动参与到群中。这就需要创建群二维码名片，然后散发这个二维码名片，有兴趣的用户可以通过扫描群二维码名片加入到群中。创建群二维码名片和加入群的操作步骤如下：

（1）群主在主界面中触按魔法棒按钮，打开下拉命令列表，然后选择“发起聊天”命令，打开如图 6–38 所示的“选择联系人”界面。

若在主界面中有该群最近聊天的信息，也可直接触按该群进入“群聊”界面。

（2）在图 6–38 所示界面中触按“选择一个群”，打开如图 6–39 所示的群列表界面。

（3）从图 6–39 所示群列表中触按选择要创建群二维码名片的群，进入“群聊”界面，如图 6–42 所示。

（4）在图 6–42 所示“群聊”界面中触按标题栏右上方的按钮，显示如图 6–44 所示的“聊天信息”界面。

（5）在图 6–44 所示界面中触按“群二维码”命令，将显示如图 6–48 所示的“群二维码名片”界面。

（6）在图 6–48 所示界面中触按标题栏右上方的按钮将显示图 6–49 所示的分享二维码界面。可将群二维码用邮件发送出去，也可保存到手机。

图 6–48　群二维码名片

图 6–49　分享二维码名片

技巧 将二维码名片保存到手机中后，就可通过其他方式将其散发出去。

其他用户收到这个群二维码名片后，通过“扫一扫”功能即可加入到该群中进行交流。通过扫描二维码加入群聊时将在“群聊”界面中显示如图6–50所示的提示信息，在这里显示了群中已有用户的名字。

而在群中的其他用户将看到有新朋友加入进来的提示信息，如图6–51所示，显示的是“早良通过扫描云辉分享的二维码加入群聊”，从这条信息可看出该好友是通过何种方式加入的。

图6–50 通过二维码加入群聊

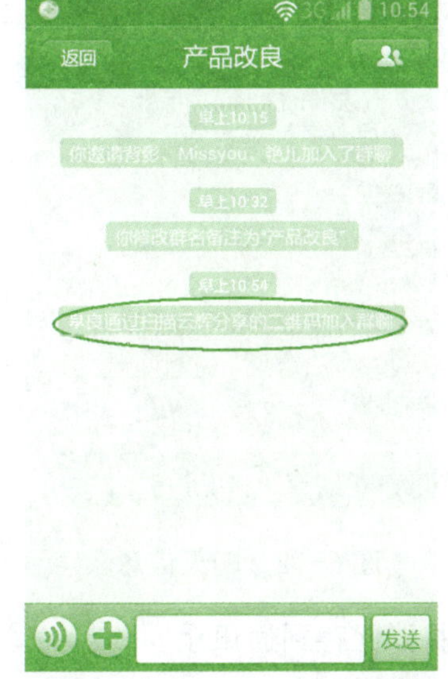

图6–51 新朋友加入群的提示

4. 退出群

有时，如果加入的群太多，每天收到的群聊消息很多，可能会疲于应付。这时可考虑退出不再参与该群。退出群的操作很简单，步骤如下：

（1）在“群聊”界面中触按标题栏右上角的按钮，打开如图6–52所示的“聊天信息”界面。

（2）在图6–52最下方有一个“删除并退出”按钮，触按该按钮将显示出如图6–53所示的提示信息。

（3）在图 6–53 所示界面中触按“删除并退出”按钮，即可退出该群，以后就不会再接收到该群中的聊天信息了。

退出群之后，若想继续加入讨论，使用前面介绍的方法重新加入该群即可。

如果群主执行“删除并退出”命令，则该群将被解散，其之前发布的群二维码名片也将失效。

图 6–52　聊天信息

图 6–53　删除信息的提示

5. 将群保存到通讯录

为了以后能方便地打开“群聊”界面，也可以将群保存到通讯录中。以后只需要在通讯录中选择该群，就可方便地进入“群聊”界面。将群保存到通讯录中的方法如下：

（1）在“群聊”界面中触按标题栏右上角的按钮进入图 6–54 所示“聊天信息”界面。

（2）触按“详细设置”命令，打开如图 6–55 所示的“详细设置”界面。

（3）触按“保存到通讯录”命令，即可将该群保存到通讯录中。

图 6-54 群聊天信息

图 6-55 “详细设置”按钮

打开“通讯录”界面，如图 6-56 所示，可以看到有一个“群组”分类，下面就列出了保存的群名片。触按群名片将打开如图 6-57 所示的“详细资料”界面，显示该群中好友的头像，触按“进入聊天”按钮即可打开“群聊”。

图 6-56 群组在

图 6-57 群的详细资料

从图6-55可看到，我们还可以设置自己在群中的昵称、设置聊天背景、清空聊天记录。

6.2.3 在群中进行多人沟通

当群主创建群（或加入其他人创建的群）之后，即可像1对1聊天时一样，在“群聊”界面中发送信息了。

与1对1聊天相似，在“群聊”界面中，可以发送文字、图片、语音、视频、位置、名片等信息，如图6-58所示，可看到群聊时可发送的信息类型（只是没有实时视频通话这个功能）。

虽然在群中不能使用实时视频通话，不过对讲机功能还是可以使用的，图6-59所示就是有3个群中好友加入实时对讲机。多个好友的实时对讲与本章6.1.3节中介绍的2人实时对讲的操作完全相同，这里就不再重复了。

图6-58 群聊发送的信息

图6-59 群中好友加入对讲机

6.3 用微信收发腾讯微博中的私信

在微信中，通过私信助手可以查看微博中的私信，也可以通过微信发送私信到微博中。这项功能将微信与微博进行了结合，非常方便好用。

不过，在微信中进行微博私信的收发需要满足以下两个条件：

- 微信号必须是用 QQ 号注册的，用手机号注册的不行；
- 注册微信的 QQ 号必须开通了腾讯微博。

也就是说，只能与腾讯微博中的好友进行私信，新浪或其他微博不行。

图 6-60 “功能”设置界面

6.3.1 认识私信助手

要在微信中接收、发送腾讯微博的私信，需要在微信中启用“私信助手”这个插件，默认情况下该插件已经被启用。启用或停止“私信助手”插件可按以下步骤操作：

（1）在主界面中触按“设置”按钮，打开“设置”界面。

（2）在“设置”界面中触按“功能”命令，打开如图 6-60 所示的“功能”设置界面。

（3）在图 6-60 中列出了“已启用的功能”，触按“私信助手”将打开如图 6-61 所示的“功能设置”界面，对“私信助手”进行相关设置。

（4）在图 6-61 所示界面中，确保“接收私信”右侧的复选框被选中，就可在微信中接收微博朋友的私信了。取消“接收私信”的选中状态，就不再接收私信。

提示：触按图6-61所示界面下方的“停用”按钮，则将在微信中停用“私信助手”这个插件。

6.3.2 接收腾讯微博中的私信

设置“私信助手”为启用状态后，当有朋友在腾讯微博中给你发送私信时，则该条私信不仅会发送到你的腾讯微博中，在微信中也会有提示。如图 6–62 所示就是收到一条微博私信时微信的提示信息，在这里会以“私信助手”的形式显示收到的信息。触按“私信助手”将打开如图 6–63 所示的界面，以聊天的形式显示了好友发来的私信，同时可以按微信聊天方式输入信息，并发送给对方。

图 6–61 设置“私信助手”

由于对方是以腾讯微博私信的方式发过来的信息，因此在图 6–63 中回复信息时，这条信息也是发到对方微博私信中。当对方登录腾讯微博时，可看到回复的私信，如图 6–64 所示。

图 6–62 收到私信的提示

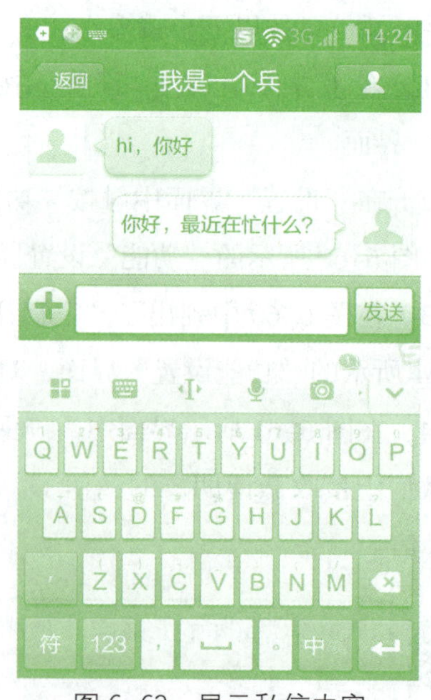

图 6–63 显示私信内容

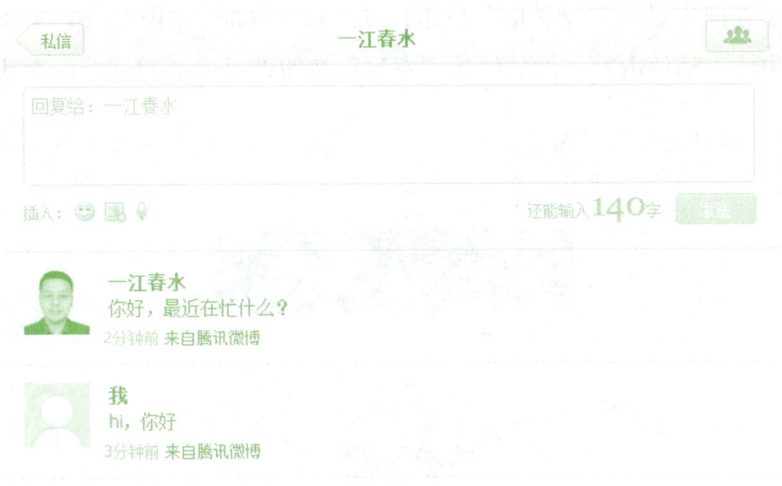

图 6-64　回复给对方的私信

6.3.3　在微信中发送微博私信

在微信中接收到私信后，可以按图 6-63 所示方式回复私信。另外，在未接收私信时，也可以直接在微信中给微博好友发送私信。具体发送方法如下：

（1）按本章 6.3.1 的方法打开图 6-61 所示的界面。在图中触按“微博朋友”命令，打开“微博联系人”界面，如图 6-65 所示。

（2）从“微博联系人”列表中选择一个好友，将显示该好友的详细资料，如图 6-66 所示。

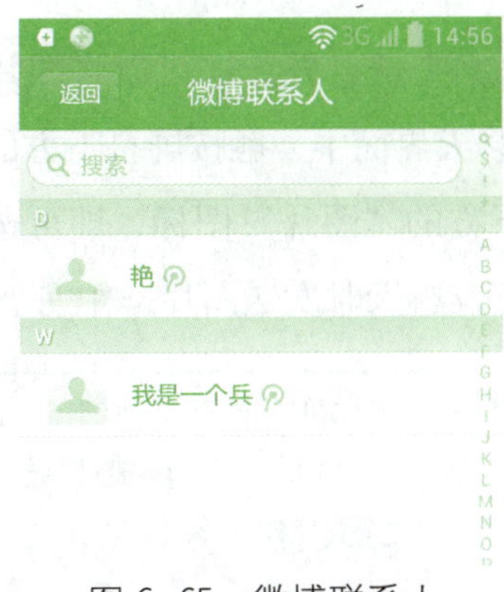

图 6-65　微博联系人

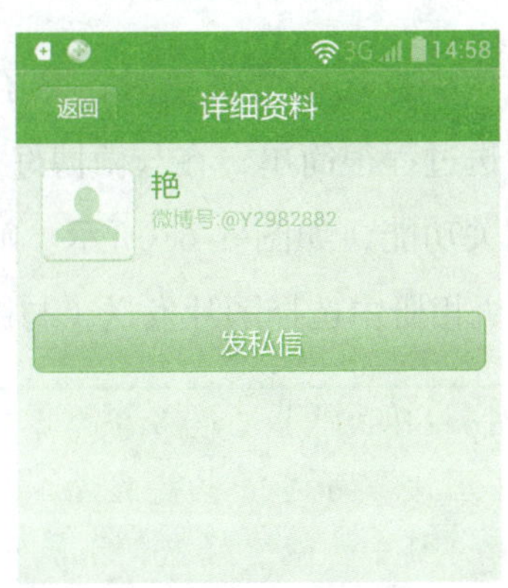

图 6-66　微博好友的详细资料

（3）在图中触按“发私信”按钮，进入聊天界面，如图 6-67 所示，在这个界面中输入私信内容，然后触按“发送”按钮即可发送到好友的微博中。

微博好友收到私信后，再通过微博私信发过来的信息也会显示在聊天界面中，看起来就好像在与微信好友聊天一样。

图 6-67　私信聊天界面

6.3.4　在私信中发送图片

在微信中发送微博私信时，除了发送文字信息外，还可以将图片发送给好友。发送过程很简单，在与微博好友的聊天界面中，触按屏幕下方的加号按钮展开相关功能，如图 6-68 所示。触按下方的“图片”图标，即可选择拍照还是从手机相册中选择图片发送（与微信好友聊天时发送图片操作完全相同）。

图6-68中列出了很多命令图标，不过在微信4.5版中，只有“表情”和“图片”可用，也就是说，微信4.5版“私信助手”只能发送文字、表情、图片给微博好友，不能发送视频、位置、名片等信息，在微信以后的版本中可能会逐步增加这些功能。

图 6-69 是腾讯微博好友在浏览器中查看私信时的效果，在这里可看到通过微信发送过来的私信。

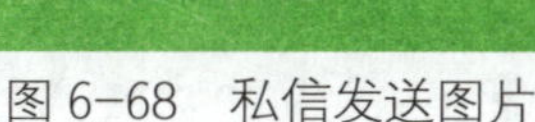

图 6-68　私信发送图片

图 6-69　在浏览器中查看私信

从图 6-60 所列出的插件列表可看到，微信默认已启用了很多有用的插件，如 QQ 离线助手，这个插件与本节介绍的私信助手类似，只是“QQ 离线助手”是在微信中与 QQ 好友进行聊天。还有许多其他功能插件，由于篇幅关系，就不逐一介绍了。

第7章 用微信开创美好“钱”景

到目前为止，微信提供了很多功能，随着其功能的逐步完善，注册用户也迅速增加，使其成为最受关注的移动互联网应用，通过微信可以推广品牌、活动、网站。从营销的角度来看，微信无疑又是一个营销“神器”。赶快跟上微信营销的步伐，用微信开创你的美好“钱”景。

7.1 网络营销新手段——微信

现代社会新事物不断涌现，传媒方式也在发生变化。从早期的报刊杂志转变到电台、电视，再转变到互联网。发展到现在，手机成了人们不可或缺的随身工具，于是移动互联网也就成了最新的、最受关注的一种传媒方式。

企业必须适应这种变化，找到与社会发展同步的营销方式，使营销能达到“多快好省”的效果。

7.1.1 无孔不入的网络营销

互联网成了各种信息传播的载体，网络营销已成为企业（特别是大众消费品企业）的必经之路，网络的可视化与互动性，可使企业的品牌变得更加突出，品牌意义同时得到提升。另外，网络营销具有传播广、信息量大等特点，并且其成本比传统营销模式也要低很多。因此，网络营销成了现代企业的主要营销手段之一。

提示

网络推广的特点就是“无孔不入”，任何有网络的地方都可以看到信息的传播，覆盖面之广，令企业的潜在客户数量不断增加。

近几年网络营销发展渐渐成熟，消费者对网络营销也从刚开始的怀疑与不接受逐渐变成了信赖与喜爱。而品牌是企业的发展之道，没有一流的品牌也就不存在一流的企业！网络营销可以塑造企业形象，推广企业品牌，提高品牌知名度，帮助企业在市场中取得更大的市场占有率。

经过近几年的快速发展，网络营销形式也细分成了许多种类，常见的有搜索引擎营销、即时通讯营销、网络博客营销、BBS 营销、网络事件营销、网络病毒式营销、聊天群组营销、网络知识性营销、网络口碑营销、网络直复性营销、网络视频营销、网络图片营销、网络软文营销、RSS 营销、SNS 营销等。

可以看出，网络营销的方式非常多，企业可以选择适合的一种或多种形式进行操作。在以上列出的十多种营销方式中，近年最火的应该是SNS营销。SNS，全称是Social Networking Services，即社会性网络服务。其范围非常广泛，包括如人人网、开心网等SNS型网站、微博、微信等备受广大用户欢迎的网络交际应用。SNS营销就是利用SNS的分享和共享功能，在六维理论的基础上实现的一种营销。通过病毒式传播的手段，让企业的产品、品牌、服务等信息被更多的人知道。

7.1.2 微信的营销价值

随着微信的快速发展，微信营销也在一夜之间崛起。2012年8月18日微信公众平台上线，首次允许媒体、品牌商及名人进行账户认证，并给认证用户更多的手段向粉丝们推送信息。于是，众品牌纷纷抢滩登陆，代理公司也正式挂起了"微信营销"这块招牌，一时间，微信成了除官方微博外的另一大互联网营销热地。

1. 庞大的用户群

在"用户为王"的资讯时代，拥有用户就拥有成功。特别是在互联网这个行业中，各大公司为了吸引用户、留住用户，都使出看家本领。吸引并保有庞大的用户群，才能为这些企业盈利提供条件。

QQ已有7亿多的用户，微信经过2年时间的发展，注册用户已超过3亿，未来还会不断增长。这么庞大的用户群都是商家的潜在客户。

2. 点对点精准营销

从微信的特点来看，它重新定义了品牌与用户之间的交流方式。微博是一种广播式的平台，通过微博平台可以对品牌进行广播式的推广。而微信则是一种点对点的"电话式"服务。当品牌成功得到关注后，通过微信就可以进行到达率为100%的对话，这种客户维系能力远远超过了微博等其他方式。

微信拥有庞大的用户群，借助移动终端、天然的社交和位置定位等优势，每个信息都是可以推送的，能够让每个个体都有机会接收到这个信息，继而帮助商家实现点对点精准化营销。

3. 强关系的机遇

微信能够通过互动的形式将普通关系发展成强关系，从而产生更大的价值。通过互动的形式，可以解答疑惑、可以讲故事甚至可以“卖萌”，用一切形式与消费者形成朋友的关系，你不会相信陌生人，但是会信任你的“朋友”。

4. 营销形式灵活多样

微信提供了漂流瓶、头像、姓名、个人签名、二维码、LBS 服务、语音功能、实时对话、视频通话等一系列强大的功能，可以为用户提供更加丰富的服务，制定更明确的营销策略。基于这种功能，微信已远远超越了其最初设计的通信属性，其平台化的商业价值显然更值得期待。

微信还推出了开放平台，通过它，可以接入第三方应用，还可以将应用的 Logo 放入微信附件栏，使用户可以方便地在会话中调用第三方应用进行内容选择与分享。

5. 营销的免费时代

微信之所以能在短时间内获到大量用户的青睐，最重要的原因就是“免费”。对于使用者来说，其每月用不完的套餐流量有了发挥作用的空间，1M 流量可发送上千条信息，这无疑为使用者节省了一笔通信费。如果使用者长期处于有 WiFi 的环境下，连手机的流量费都省了。

提示 对于营销商家来说，在微信中进行营销推广，全部都是免费的！这对于营销预算有限的中小企业、个人创业者来说，是一个难得的“免费午餐”。

作为一个新兴的传播平台，微信将爆发出无限的潜力，各行各业都可通过微信营销提升品牌价值、提高企业盈利能力。

7.2 免费营销方法一：漂流瓶

微信的漂流瓶功能以一种匿名方式出现，可以吸引很多用户去上面宣泄心情。这也可以作为一种营销工具，通过漂流瓶可以免费推广品牌、产品、网站。那么漂流瓶营销可以达到什么目的？又该如何做好漂流瓶营销？

7.2.1 漂流瓶营销可以达到什么目的

通过漂流瓶营销，通常可达到以下两个目的。

第一，可以增加微信账号的关注度。大家都知道，漂流瓶是随机出现的，对于很多微信好友来说，能在几亿用户中收到你扔出的漂流瓶，会觉得是一种缘份。因此，通常只要漂流瓶中发送的内容适当，不引起用户的反感，一般都会查看内容并关注好友。这样，微信账号的好友数就会大幅增加，从而为下一步的营销积聚人气。如果漂流瓶中的信息包含网站地址之类的，捡到瓶子的用户也可能会去访问这个网站，这样，这个网站的访问量就会相应地增加。

第二，可以提高品牌知名度。在漂流瓶中可以直接展示企业、品牌的介绍，只要捡到瓶子的用户都可以看到相关信息，增加了品牌的曝光度，也就能提高品牌的知名度。

7.2.2 漂流瓶营销的准备工作

那么，又该如何做好漂流瓶营销呢？

凡事预则立，不预则废，做漂流瓶营销也是一样，在进行这项营销活动之前，需要做好方案，并做好营销之前的相关准备工作。

首先，由于漂流瓶可以单独设置头像，在做营销时，最好将漂流瓶的头像修改为一个更能吸引用户、引起用户关注的头像。

要修改漂流瓶头像，可按以下方法进行：

（1）进入漂流瓶以后，在手机界面中是一个全屏方式显示的图案，触按手机屏幕中的图案，上方将显示漂流瓶的标题栏，如图 7–1 所示。

（2）触按右上角的按钮，将显示如图 7–2 所示的“设置”界面，在这个界面中触按“设置我的漂流瓶头像”命令，就可用手机进行拍照或从手机本地图像中选择一个头像。

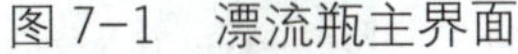
图 7-1　漂流瓶主界面

图 7-2　设置漂流瓶

当用户捡到漂流瓶并打开后，将显示类似图 7-3 所示的界面，在这里不仅可以看到漂流瓶中的内容，还可以看到扔瓶子用户的头像和个性签名。

在使用漂流瓶之前，除了设置一个容易辨识、吸引用户的头像之外，通常还需要设置一个简单、独特、好记、吸引人的个性签名。

通常，漂流瓶大部分是以感情、倾诉信息为主。因此，在发送漂流瓶时，应以真诚的态度来设计文字或语音。对于回复漂流瓶的用户，应认真回复。

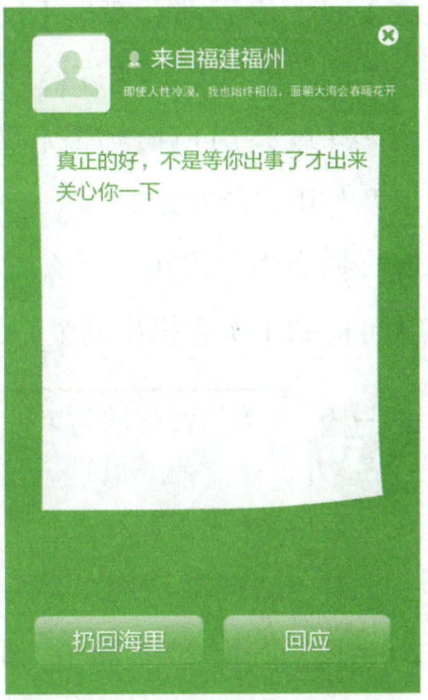

图 7-3　收到的漂流瓶信息

漂流瓶营销和其他工具营销的共同点就是坚持，不能急于一时。有时候我们要等一周、一个月才能看到效果。

7.2.3 漂流瓶营销案例

使用漂流瓶进行营销的一个经典案例，就是招商银行开展的“爱心漂流瓶”活动。在活动期间，微信用户用“漂流瓶”或者“摇一摇”功能找朋友，就会看到“招商银行点亮蓝灯”，只要参与或关注，招商银行便会通过“小积分，微慈善”平台为自闭症儿童捐赠积分。与招商银行的微信账户进行简单互动，就可以贡献自己的一份爱心，这种简单却又可以做善事的活动，颇为吸引人。

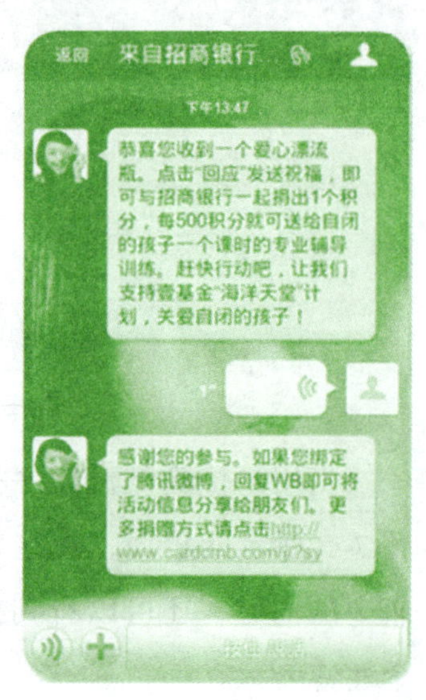

图 7–4　爱心漂流瓶

根据此前行业营销人员的观察，在招商银行展开此项活动期间，用户每捡 10 次漂流瓶就会有 1 次机会捡到招商银行的爱心漂流瓶。虽然漂流瓶可能存在过于频繁的不足，容易让用户产生参与疲劳。但营销人员也设想到，如果用户每捡到 1 次爱心漂流瓶都会产生不同的活动或者能有一些小小的语音游戏，或许会提高用户参与的积极性。图 7–4 就是用户捡到爱心漂流瓶后显示的信息，以及与用户的互动。

招商银行采用了什么方法让用户捡 10 次瓶子就可捡到 1 次它扔出的爱心漂流瓶呢？

其实，在这次活动中，招商银行与微信官方进行了合作。微信官方可对漂流瓶的参数进行更改，使合作商家推广的活动在某一时间段内抛出的“漂流瓶”数量大增，相应的微信用户捡到瓶子的机率也大大增加。

对于普通微信用户，每天能扔的瓶子数量是有限制的，即每天只允许扔 20 个瓶子和捡 20 个瓶子。那么，怎样操作才能达到大批量的投放呢？可以采用的方法就是提前注册大量的小号。如注册 100 个账号，每个账号每天可以扔 20 个瓶子，100 个账号就可以扔出 2000 个瓶子。这种方法需要投入一定的人力申请账号、修改账号信息。

例如，一个做礼品销售的商户若想通过漂流瓶做一些营销工作，首先按前面说的做好准备工作，注册多个小号，然后就可在一天的不同时间段分别用不同的小号扔出瓶子。如图 7–5 所示是扔瓶子时的界面，在这里输入文字（或语音），然后触按“扔出去”按钮，即可将输入的内容装在漂流瓶中扔出。当扔出的漂流瓶数量较多时，被其他网友捡到的机率就大增。如图 7–6 所示是一个微信用户捡到瓶子后进入对话的界面，如果微信用户正好有此需求，可能会通过这个对话界面进行聊天，也可能会打开发布的网站查看销售的礼品。

图 7–5　扔瓶子的界面

图 7–6　捡到瓶子后的对话界面

从这里也可以看出，如果通过注册多个小号进行漂流瓶营销，与用户进行互动也是一个比较麻烦的事。

技巧　通过小号扔漂流瓶这种方式进行营销，通常应该在文字中给出一个网站或一个客服微信号，方便统一沟通。

当然，如果预算充足，与微信官方合作，能对扔出漂流瓶的数量进行更改，是最佳的营销方案。

7.3 免费营销方法二：个性签名

签名栏是腾讯产品的一大特色，用户可以随时在签名栏更新自己的状态。微信也设置了一个心情签名栏，用户可以随时在签名栏中更新信息。很多用户通过这种方式表达自己的心情，或在这里编写自己的座右铭，与朋友分享，如图 7-7 和图 7-8 所示。

图 7-7　个性签名 1

图 7-8　个性签名 2

从营销角度来看，微信的个性签名也是可以利用的，可以打入强制性广告。既可以将头像设置为企业的 Logo、也可以将名字设置为企业名称的简称。更方便的是，通过个性签名，可将要推广的一些信息发布出去。与腾讯 QQ 的个性签字只有好友能看见不同，微信中基于 LBS 的功能插件“查看附近的人”可以使更多陌生人看到这种强制性广告。用户点击“查看附近的人”后，可以根据自己的地理位置查找到周围的微信用户。在这些附近的微信用户中，除了显示用户姓名等基本信息外，还会显示用户签名档的内容。

技巧　商户可以利用微信个性签名为自己的产品打广告。

图 7–9 所示是一家园艺公司的个性签名，图 7–10 所示是一家小面馆设置的个性签名，其头像中有面馆门面的照片，个性签名中还有一个位置描述，另外还有面馆提供的面条类型。怎么样？如果正好在附近，是不是很容易就能到那里就餐了。

可以看出，如果营销人员在人流最旺盛的地方24小时运行微信，这个免费广告的投放效果也会不错。随着微信用户数量的上升，这个简单的签名栏会变成不错的移动广告位牌。

图 7–9　某公司的个性签名

图 7–10　某饭馆的个性签名

如果申请了公众账号，还可以做得更多。公众账号中没有“个性签名”，但有一个“功能介绍”栏目，也可以达到同样的效果。

例如，如图 7–11 所示是一家中餐连锁机构的微信公众账号，在其“功能介绍”中给出了一条“关注我，送甜粥哦！”的信息，如果关注该账号，就可看到更多的信息，如图 7–12 所示。在这里可以查看该账号的相关消息，触按“查看消息”将显示如图 7–13 所示界面，触按最后一条信息中的链接，还可以打开“微生活会员卡”界面，如图 7–14 所示。这样，通过一条个性签名（或“功能介绍”）就能将用户引导到消费场所。

图 7-11　某店微信公众账号

图 7-12　关注后显示更多信息

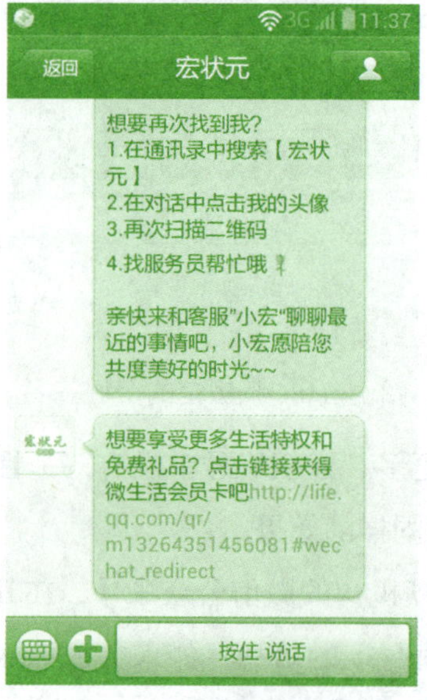

图 7-13　查看消息

图 7-14　微生活会员卡

在设置微信的个性签名时需要注意，个性签名是有字数限制的，最多只能输入29个字符，因此一定要把文字编写得简洁并突出重点。

7.4 免费营销方法三：附近的人

本书前面介绍过，微信提供了 LBS 功能，可以很方便地找到附近的朋友。在微信中显示附近的人时，除了显示这些用户的头像、姓名外，还会显示其个性签名。因此，通常是将“附近的人”与前面介绍的“个性签名”结合起来使用。

微信的 LBS 功能的实现原理是，如果手机的 GPS 模块并打开了，则会将 GPS 信息发送到微信服务器进行保存；若手机没有（或没打开）GPS，则将手机的基站信息发到微信服务器保存。微信服务器只会将用户的位置信息保存一段时间（根据腾讯官方的说法，这个位置信息是一直保留，直到用户清除或采集到新的位置信息）。

当使用“附近的人”这个功能时，就从服务器中找出与当前用户距离在 1000 米之内的用户，将显示出一个列表。由于是通过 GPS 和手机位置信息进行定位，其距离误差比较小，通常不会超过 500 米。

图 7-15　附近的人列表

根据这个特点，对于以小区或附近居住用户为消费群体的商户来说，特别适合这种营销方式。例如，连锁超市、便利店、小餐馆等类型的商户，可以将自己微信账号的头像设置为商铺 Logo、微信名称设置为商铺名称，而个性签名则可设置为正在做的一些促销活动。这样，附近的客户通过微信“附近的人”就可以看到这个账号，也就可以添加为好友，对该商户进行关注了。

添加附近的人为好友后，有两种宣传方式可以选择：第一，先积累用户，做长久打算；第二，立刻发广告，利用微信的“群发助手”，一次可以给多个好友群发广告。

“群发助手”是微信提供的一个功能插件，可按以下步骤使用。

（1）在主界面中触按右下方的“设置”按钮，打开“设置”界面，从中选择“功能”命令将显示如图 7–16 所示的功能插件列表。

（2）在插件列表中触按“群发助手”，将打开“群发助手”界面，如图 7–17 所示。

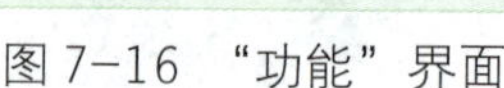

图 7–16 “功能”界面

图 7–17 “群发助手”界面

（3）触按“开始群发”命令，打开如图 7–18 所示的界面。

（4）触按屏幕下方的“新建群发”命令，即可在弹出的界面中选择收信人，接着输入群发的信息进行发送，则选中的好友都会收到相同的信息。

群发完成后会自动返回到“群发助手”界面，可看到刚才群发的信息，如图 7–19 所示。

技巧 在图7–19中触按“再发一条”按钮，可向所有好友再进行一次群发消息。也可触按下方的“新建群发”给其他好友群发信息。

利用“附近的人”进行产品或者品牌的营销，只需支付流量费用，无需支付其他费用，就能够将商品广告等信息发送到用户的手机上，而且信息的接受率是 100%。

例如，在一些大的商业区附近做餐饮的企业，可以在快要到吃饭的时间段，安排几名员工用手机登录微信，然后到各大卖场走一圈，并通过使用“附近的人”功能将自己的位置信息上传到微信服务器，就可以等人通过微信来订餐了。当然，也可以主动出击，向“附近的人”列表中的微信用户打招呼（如发送“亲，午饭要吃饱哦”之类的提示信息），若加为好友后，就可将本餐馆的特色菜、优惠信息等内容推送给他们，这样就可吸引附近的人来餐馆消费。

图 7-18 “群发助手”界面

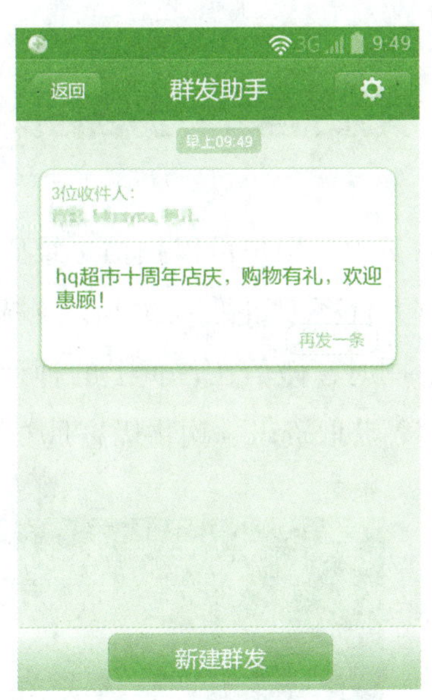

图 7-19 群发信息

通过微信的这种方式，可以及时地与客户互动，拉近与客户的距离，巩固与客户的关系。这种方式比员工上门去发送宣传单的效果要好很多，并且还节省费用。

如果只是想塑造企业形象，提升产品知名度，也可以通过“附近的人”进行操作。微信中发送的打招呼信息几乎是100%被接收者浏览的，而且打招呼信息可以自己编辑，这里就可以编辑一条宣传品牌（或产品）的信息发送出去，被接收者看到，也就起到了一定的广告作用。

但是，通常“附近的人”功能只能找出方圆1000米之内的用户，即使与每个找出的人打招呼，其影响范围也很有限。

提示 可以在电脑中装一个虚拟系统（本书第11章将介绍这方面的内容），在其中安装微信，然后再安装一个虚拟地理位置的应用。这样，只需要坐在办公室就可将自己的地理位置设置为任一地方，然后搜寻附近的人，再发送打招呼的信息。接着再重新设置一个虚拟地址，接着搜寻附近的人。足不出户，就可将广告信息投送到想影响的区域。

7.5 免费营销方法四：二维码

在微信中，用户可以扫描二维码来添加朋友、关注企业账号。从微信公众平台官方首页（如图 7-20 所示）来看，二维码营销已经被提高到至关重要的地位。同时，微信在首页上的种种设计，充分暗示了微信对二维码营销的深刻理解，获取资讯、购物优惠是二维码营销重要的用户驱动力。

图 7-20 微信公众平台官方首页

在智能手机越来越普及的情况下，以往二维码的识别障碍已经完全被消除。搭上微信营销快车之后，二维码正在成为移动互联网时代的营销利器。无论是媒体、商家还是移动开发者，都想利用二维码营销提升品牌、促进销售。

技巧 二维码营销无疑是在O2O（线上与线下）模式基础上执行的，利用双线推广营销的方式，有效的把线上和线下结合起来，形成新的用户消费体验，达到交易的目的。

目前来看，微信的二维码主要集中在以下几个方面：

一是以二维码名片推广自己，让更多的好友来关注自己。

二是使用二维码电子会员卡，为O2O提供更好的解决方案。

例如，广州德尔顿磁能热水器有限公司是一家研发、设计、制造各类热水器的企业。为了宣传企业品牌，让潜在客户更快速地了解品牌，并在消费者与品牌之间搭建一个桥梁。公司推出了二维码营销的方案：在公司各类宣传物、产品手册、产品包装、产品标签上都印上德尔顿二维码，在各大门户网站发布二维码信息，如图7-21所示。

无论用户在什么渠道看到这个二维码，用微信的“扫一扫”功能就能快速查看到如图7-22所示界面。

这样，通过二维码，就可快速吸引用户的关注，增加潜在用户对品牌的认知度。

图7-21 德尔顿的二维码

图7-22 德尔顿的详细资料

再看一个二维码引导用户注册电子会员卡的案例。米罗缤纷是一家以西餐为主的餐厅，如图7-23所示是该餐厅散发的宣传单，在右侧有一个很显眼的二维码，扫描该二维码可获得免费会员卡。如图7-24所示，触按下方的“关注并领新会员卡”按钮，即可领取一张免费会员卡，如图7-25所示。这样，会员卡就保存在用户的微信中了，以后到该餐厅消费时，只需向服务员出示这个会员卡就 OK 了。

图 7-23　某餐厅的宣传单

提示　由于二维码可以包含较大量的信息，随着二维码的普及使用，以后还可能开发出更多的应用。例如，在电子商务中，可做到一物一码，将线上与线下业务进行更深层次的整合。

二维码做的是精准营销，每一个步骤都经过成功检验，并且有强大的数据分析功能为方案做支撑。

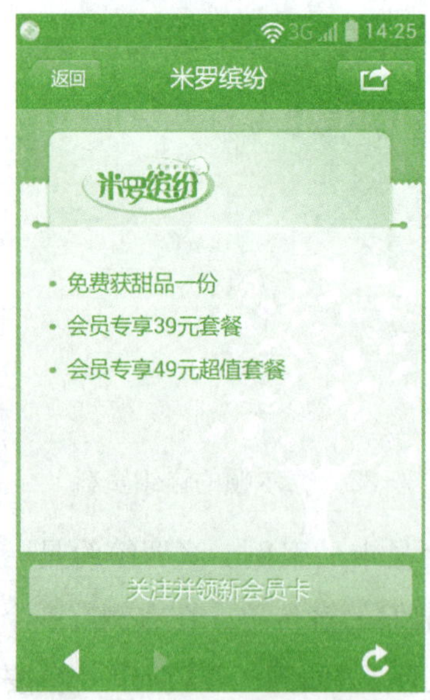

图 7-24　关注并领新会员卡

图 7-25　领到会员卡

7.6 免费营销方法五：语音信息

微信的一个特点是可以提供语音信息。当我们长期注视手机屏幕感觉到疲倦时，语音就显得很有用了。

提示 目前使用微信语音进行营销的还不多，但我们可以观察一两个案例，了解通过微信语音进行营销的方法。

如图 7–26 所示是一个公众账号"语音播报天气"，关注该账号后，在聊天窗口中输入"城市 + 天气"，就可收听到语音播报的天气状态。例如，发送"北京天气"，将收到一条当日北京天气的语音，如图 7–27 所示，触按图标就可听到天气预报了。

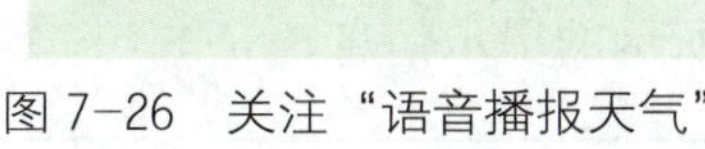

图 7–26 关注"语音播报天气"

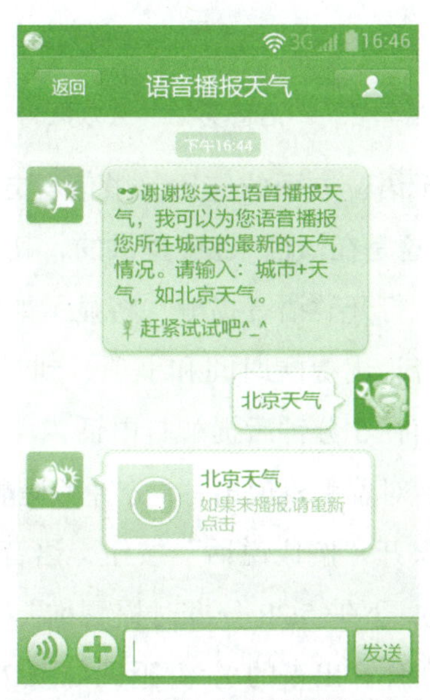

图 7–27 接收"语音播报天气"

如图 7–28 所示是一个名为"语音笑话"的公众账号，通过发送数字 1~40 给该账号，就可以听到不同的语音笑话。如图 7–29 所示，发送一个数字 1，就会收到一段语音，触按这段语音就可听到真人录制的笑话。

结合这个案例可看到，企业可将一些服务内容录制成相应的片断，然后让用户发送简短的数字或字母，就能播放相应的信息。

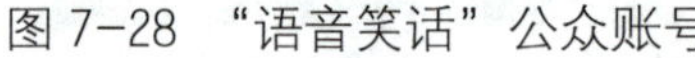
图 7-28 "语音笑话"公众账号

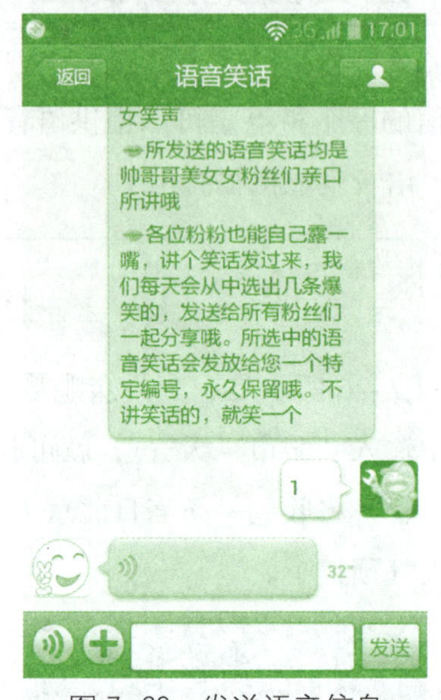

图 7-29 发送语音信息

关于语音方面的应用，微信官方也推出了一个很好用的公众账号"语音提醒"，这是在微信 4.5 中提供的，其微信号为 voicereminder，如图 7-30 所示。

初次打开"语音提醒"将显示如图 7-31 所示的提示信息，告诉用户只需要用语音说出提醒时间和事项，到时间就会自动发送提示信息到微信中。例如要微信在 5 分钟后提醒打电话，可在图 7-31 中触按下方的"按住说话"按钮，然后对着手机说出"5 分钟后提醒我打电话"，如图 7-32 所示。说完这句话以后松开"按住说话"按钮，语音就会传送出去，然后会返回一段提示音"没问题，下午 5:20 分准时提醒你"（这里的时间是由"语音提醒"根据你要求的时间计算出来的），并返回如图 7-33 所示的提示信息。

在用户说话时，必须包括提醒时间和事项这两项，否则"语音提醒"账号会返回一条提示信息。提醒时间可以是什么时间之后（如5分钟之后、5小时之后），或具体的时间（如明天几点几分、后天几点几分）。

要实现这个功能，"语音提醒"首先要对用户发送的语音进行分析，从中找出关键的信息（如这里的 5 分钟、打电话），然后根据当前时间计算出提醒时间，并返回一段语音。

提示 在图7-33最下方有一个播放按钮，触按这个按钮可以听到自己的录音。若要删除这条语音提醒，则可触按右侧的删除按钮。

图 7-30 “语音提醒”账号

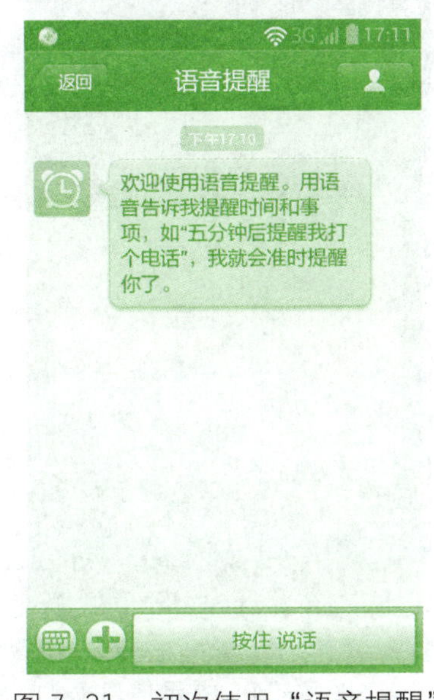

图 7-31 初次使用“语音提醒”

图 7-32 发送语音提醒

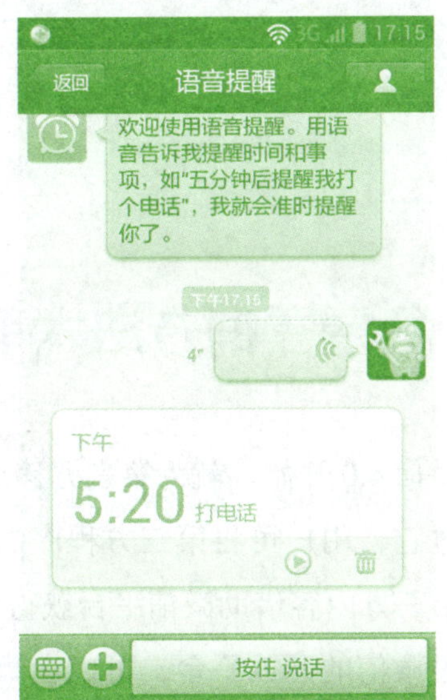

图 7-33 返回“语音提醒”的提示

当时间到了后，“语音提醒”会弹出如图 7-34 所示的界面，并伴有提示音。触按“查看”按钮将显示如图 7-35 所示的界面，在这里触按播放按钮可听到自己的录音。

图 7-34　提示信息

图 7-35　听自己的录音

“语音提醒”是一个公众账号，未来会向开发者开放，开发者利用这个功能可以实现各种需要语音识别的功能。

7.7 免费营销方法六：开放平台

从微信 4.0 开始，就为第三方移动程序提供了接口，这就是微信的开放平台。通过它，用户可将第三方程序的内容发布给微信好友或分享至微信朋友圈，使第三方内容借助微信平台获得更广泛的传播。

通过微信的开放平台，可以在微信与第三方 App 之间建立一个桥梁。例如，用户在使用第三方 App 时，看到一篇精彩的文章、听到一首好听的歌曲、淘到一件好的商品，都可以通过“分享给微信好友”功能将这些信息分享给微信好友。而好友在微信中收到信息后，只需轻轻触按，就可以查看内容详情。如果好友的手机中没有安装对应的第三方 App，还会提示好友下载该 App。

提示 在使用开放平台进行营销时，企业首先要发布自己的App。现在很多商家都开发了自己的App，例如一些连锁酒店、电商等。在自己的App中通过开放接口即可进行信息的分享。

爱帮网是一个提供本地生活搜索服务的网站，这个网站聚合了互联网上所有的本地生活信息和经验，可以帮助我们实现更自由、更有品质的生活。爱帮创新的“位置 + 服务”搜索模式，为手机或互联网用户提供了方便的生活搜索服务。例如，可以在爱帮网搜索附近购物、美食、小吃快餐、咖啡厅、宾馆酒店、景点等信息。截止到 2012 年 3 月，爱帮无线客户端累计用户已经超过 2000 万。

爱帮网发布了 App 供用户在手机中使用。2012 年，爱帮网登录微信开放平台，成为微信在生活领域的第一家合作伙伴，用户可以将在爱帮生活中浏览到的内容转发给微信好友。此次合作是双方产品团队基于手机用户 LBS 需求的一次深度合作，爱帮希望借助微信的海量用户，为更多手机用户提供本地生活搜索服务。

提示 用户在使用爱帮生活客户端时，可将自己浏览到的生活场所的详细信息，比如电话、地址、评价等直接转发给微信好友。

例如，在该 App 中查看到了如图 7–36 所示的一家火锅店。这时，若想将这个火锅店的信息分享给微信好友，可在图 7–36 中触按左下角的“转发好友”，这时将显示如图 7–37 所示的转发命令列表。

触按“分享到微信”命令，将显示微信好友列表，选择要发送的好友后，在图 7–38 所示界面中输入一些文字信息（也可不输入），然后触按“分享”按钮，即可向好友发送这条信息。好友收到的信息如图 7–39 所示。

在图 7–39 中触按好友发过来的信息，就可看到图 7–40 所示的商家信息资料。

图 7-36　查看商户详情

图 7-37　转发命令列表

若好友手机中未安装爱帮App，在触按“下载爱帮生活，查看商户详情”按钮时，将下载安装相应的客户端。这样，就可达到推广该App的效果。

图 7-38　分享信息

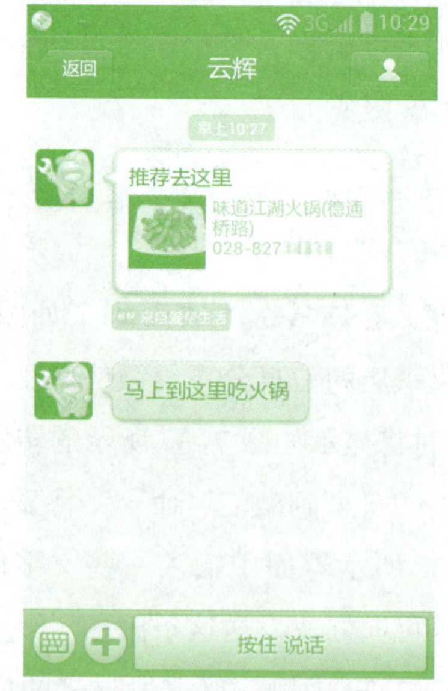

图 7-39　好友收到的分享信息

如果好友已安装有爱帮生活客户端 App，还可以将该客户端图标添加到微信的附件栏中。具体操作步骤如下：

（1）在微信的聊天界面中，触按下方的加号按钮展开附件栏，如图 7–41 所示。

图 7–40　商户详情

图 7–41　展开附件栏

（2）触按右下角的加号按钮，将显示如图 7–42 所示的“添加工具”界面，在这里列出了可以添加到聊天界面附件栏中的图标，从图中可看到，可以将新浪微博客户端 App 和爱帮生活客户端 App 添加到附件栏中。

（3）触按爱帮生活客户端 App 图标，显示如图 7–43 所示界面。

（4）触按“加到附件栏中”按钮，即可将爱帮生活客户端 App 图标添加到附件栏中，如图 7–44 所示。

将该图标添到附件栏后，在与好友聊天时可触按图 7–44 右下角的爱帮生活图标，即可打开其 App，如图 7–45 所示。

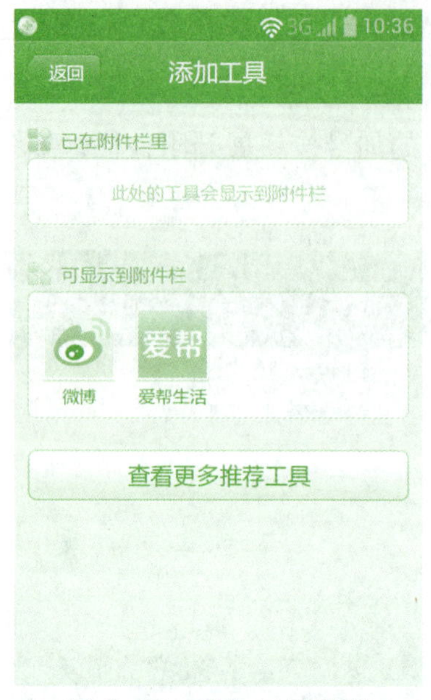

图 7-42 添加工具界面

图 7-43 工具简介

图 7-44 添加工具到附件栏

图 7-45 打开爱帮生活 APP

第8章 专注电子商务的微信会员卡

微信会员卡是一个电子商务与O2O的最新产品，依靠腾讯亿级的用户群体，通过微信、微博、手机QQ等手机产品，其平台效应已经保证了这种神话的必然来临。通过微信会员卡让更多线下与线上用户享受移动互联网的便捷，获得生活实惠，同时帮助商家与企业建立用户体系，搭建媒体的互联网信息通道，打造微信会员卡生态平台。

8.1 微信会员卡，再一次改变生活

会员卡是微信进军O2O领域的神来之笔，是微信在商户处实现增值收费的有益尝试。借助微信超过3亿的用户群和免费推送消息的吸引力，众多商家迅速开设公众账号，一时间会员卡的海报铺满了大街小巷。

8.1.1 腾讯微生活布局生活消费

据了解，全国已有上千个知名品牌与腾讯微生活建立了合作关系，并先后在北上广深成五大城市推出形式多样的商圈活动。呷哺呷哺、朝阳大悦城、北京APM（原新东安APM）、新世界百货彩旋店、北京BHG（阜成门店）、上海DQ门店、深圳海岸城、广州地王广场等都已先后联合微生活推出优惠活动。由于将太无二、西堤牛排、星巴克、蜜桃餐厅、Levi's、大嘴猴、ELLE等众多知名品牌加入，优惠幅度较大，各大城市已经刮起一阵领取微生活电子会员卡的风潮。

提示 用户只要使用微信4.2及以上版本，以扫描二维码的方式开启微生活电子会员卡，就可以享受多家店铺的优惠。

据腾讯微生活负责人耿志军介绍，此前，很多顾客苦于忘带或丢失实体会员卡，不能享受商家折扣。而微生活电子会员卡存储在手机中，可以随时随地享受优惠，更为顾客省去携带多种会员卡、忘带实体会员卡的烦恼。

腾讯微生活通过在微信内植入会员卡，帮助企业建立新一代的移动会员管理系统。清晰记录企业用户的消费行为并进行数据分析；还可根据用户特征进行精细分类，从而实现各种模式的精准营销。增强企业与用户之间的黏性，促进用户再次进店消费，提高营运收入。

8.1.2 微信扫一扫，手机变身会员卡

2012年9月23日，上海凯德龙之梦闵行商场内达人汇聚，一个超大二维码下数千手机“攒动”，服务台前更是排着长队领取奖品。外婆家、巴贝拉、

真功夫、虹口龙之梦、湘乐汇、蜀菜行家、山间堂等近80家门店也是达人不断，扫码频频。一时间，微信会员卡被街谈巷议，申城正在上演“微信扫一扫，手机变身会员卡”的时尚消费风潮。

在最大二维码现场，一位刚刚领到化妆包和QQ公仔的用户说：“我刚刚通过微信把外婆家会员卡推荐给容祖儿了，她感谢我还说很喜欢呢。我觉得微信会员卡这事特简单、特好玩、特时尚。打开微信扫一扫，对准二维码，微信会员卡就到手了。在网上我也扫到不少微信会员卡，你看我手机里都装了好几十张了。”

图 8-1 众人围扫二维码

图 8-2 二维码推广广告

8.1.3 微信会员卡优势

微信已经积累了3亿以上的用户，通过微信会员卡，每个用户都是品牌的传播节点，他们将会员卡分享到好友、群、朋友圈，分享最真实的消费感受。这种朋友间的传播，可信度强、转化率高，商家几乎不必投入什么成本，就自然形成了病毒式营销。

提示：微信会员卡其实相当于手机会员卡，商家通过微信公众平台账号设置二维码内容，让用户扫描二维码成为会员，可用微信会员卡实现微信会员和店面原有会员统一管理，会员消费打折照样有数据记录可以查询。

对于会员来说，使用微信会员卡也非常方便易用。会员无需携带会员卡，因为会员卡保存在手机中；可以刷卡识别，刷手机识别会员身份；并可自助查询积分和消费记录，自助兑换礼品。

图 8-3　二维码宣传广告

以往成为会员的手续很麻烦，现在只需要通过微信的“扫一扫”即可快速成为商家的会员，对客户来讲安全方便。

对商家来说，通过这种方式可以迅速增加会员数量，实时发布一些优惠讯息给会员，也能通过公众平台和会员进行实时交流，消除会员和商家之间的距离！

目前北京、上海、南京等城市都在陆续开通，合作商户上万，可见前景一片光明。

8.1.4　微信会员卡成功案例

目前已有上千家品牌开设了微信会员卡，这些品牌通过微信会员卡进行营销，有的订单额暴增，有的营业额快速增长。各品牌的会员都乐意使用微信会员卡，这增加了会员的黏性。

1. 汉庭连锁酒店

图 8-4　商家二维码示例 1

汉庭连锁酒店是华住酒店集团旗下品牌，在全国各大中城市的商务中心或交通便利之处都开有连锁店。2012 年 10 月开始，在全国 800 家汉庭连锁酒店开展“成功激活会员卡，赠送 400 元汉庭电子优惠券礼包”活动。汉庭连锁酒店通过微生活后台，免费向会员推送消息，节省费用高达 26 万元，通过微生活会员卡订房每天带来订单额近 27 万元。

2. 海岸城

海岸城由东座写字楼、西座写字楼、购物中心和风情街组成，是目前深圳西部规模最大的综合型商业项目，也是迄今为止深圳市最大的室内购物、休闲、娱乐中心。深圳海岸城发行微生活会员卡仅 6 个月，会员卡重复使用率接近 90%，创商城类移动互联网时代营销先河。

图 8-5 商家二维码示例 2

3. 金凤成祥

金凤成祥是一家以蛋糕、面包、西式糕点为主导产品的食品生产企业。开展了微信会员卡送礼活动，其中 38.5% 的会员都使用了开卡礼特权，此特权为金凤成祥带来近 200 万元流水增长。

图 8-6 商城二维码示例 3

8.2 扫描二维码即可成会员

对于用户来说，申请微信会员卡的操作难度接近零。目前合作的商家大多采取“一卡一礼”的模式，在手机中打开微信，进入“扫一扫”界面，对准二维码轻轻一扫，电子会员卡就会存储到微信中。然后凭手机中的会员卡到店，除了能领取惊喜奖品外，还可随时享受会员礼遇。更重要的是，微信将众多会员卡“装”进了手机，再也不用带着一大叠会员卡了。通过分享功能，还可以快速将会员卡分享给朋友。

8.2.1 扫一扫成为会员

参加腾讯微生活的商家通常都会将活动二维码印刷在宣传单、店招等处，方便潜在客户进行扫描关注。

在腾讯微生活官网上也将众多商家的二维码进行了展示，通过网站可搜索到感兴趣的商家，然后即可将其扫到手机中。这样足不出户就可以成为商家的会员，然后再到店消费。

在腾讯微生活官网上，既可以输入商家的名称进行查找，也可以在网页中的“微生活特权商家”中去查找，如图 8–7 所示是 3 个微生活特权商家。

图 8–7　微生活特权商家

如果准备到“迷尚豆捞”用餐，可先在家里领取这个商家的会员卡，并查看会员有什么特权、优惠。可按以下步骤进行操作。

（1）在图 8-7 所示商家信息中单击下方的“免费加入会员”，将显示如图 8-8 所示的二维码。

（2）打开微信的“扫一扫”界面，扫描这个二维码图案即可进行会员卡的领取，这时将显示图 8-9 所示界面，这里显示了半张会员卡的样式。

由于还未成为会员，因此下方的会员卡号还未显示出来，注册后将显示完整的会员卡。

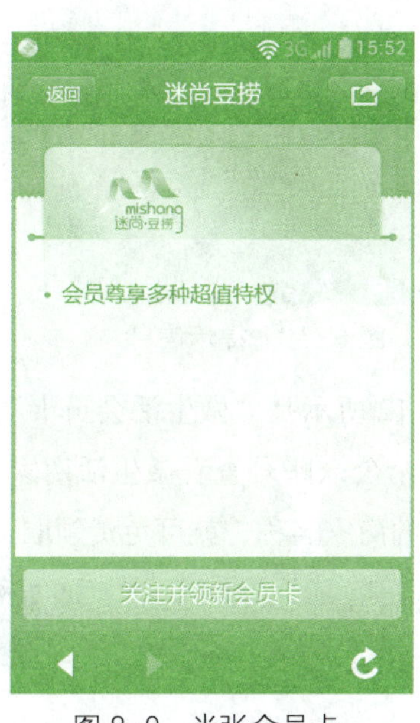

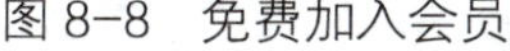

图 8-8 免费加入会员　　图 8-9 半张会员卡

（3）触按下方的“关注并领取会员卡”按钮，将显示如图 8-10 所示的提示界面，在这个界面里显示出商家“迷尚豆捞”的微信公众账号。

（4）触按“确定”按钮即可关注商家“迷尚豆捞”的微信公众账号，并免费领取一张会员卡，如图 8-11 所示。

领取会员卡后，还可在图 8-11 中查看“会员特权”和“适用门店地址及电话”，即可找到离家最近的门店。

其实，作为微信用户，只需要关注“微生活会员卡”这个公众账户 qqicard，就可以在其中找到所有微生活商家，并免费领取会员卡。

图 8-10　提示信息

图 8-11　领取会员卡

如图 8-12 所示是“微生活会员卡”的二维码，扫一扫并关注这个账号，即可通过这个公众账号查看微生活商家。图 8-13 列出了北京的微生活商家，触按要关注的商家名称，就可免费领取会员卡。

图 8-12　“微生活会员卡”的二维码

图 8-13　北京的微生活商家

8.2.2 向商家出示手机中的会员卡

领取电子会员卡后，这些会员卡都保存在微信中，到门店消费时只需要将手机中的会员卡展示给商家，就能享受会员特权和优惠了。

那么，领取的会员卡保存在哪里呢？该怎么出示给商家？

在我们关注商家的微信公众号并领取会员卡后，通常这个公众号会发送一条消息，如图 8–14 所示。在图中触按给出的链接可打开如图 8–11 所示的会员卡界面。这样，就可以将会员卡出示给商家，享受会员服务了。

提示 另外，关注商家的微信公众账号之后，该商家的公众账号将添加到“通讯录”中，在微信的“通讯录”中找到并触按该商家的公众账号，将显示如图8–15所示的界面，在这里触按“会员卡特权”命令，也将显示图8–11所示的界面。

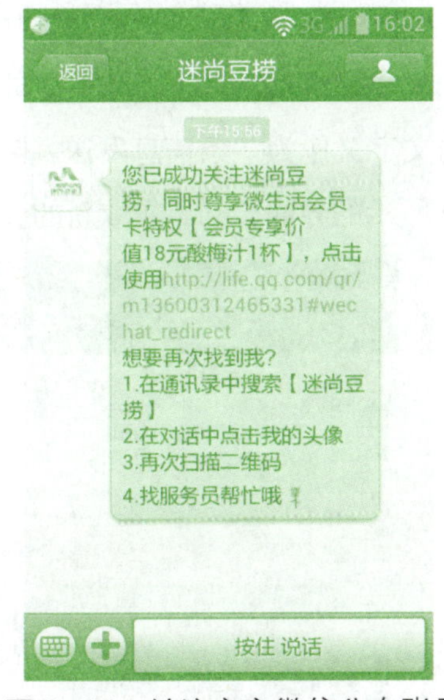

图 8–14 关注商家微信公众账号

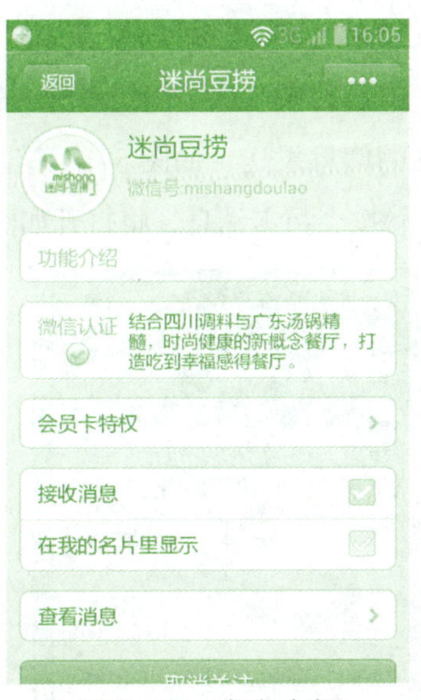

图 8–15 商家介绍

8.2.3 和朋友分享会员卡

好东西要与朋友分享，微信会员卡的分享特别方便。如果我们觉得某个商家好，可以即刻将会员卡分享给朋友。

要分享微信会员卡，可按以下步骤操作。

（1）打开如图 8–11 所示的会员卡界面。

（2）触按标题栏右上角的按钮，打开如图 8–16 所示的分享命令。

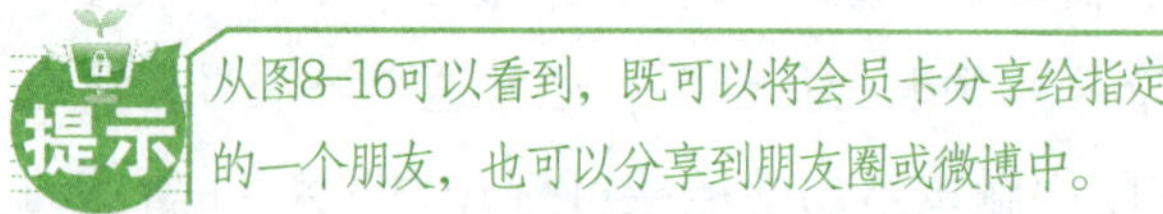

提示 从图8–16可以看到，既可以将会员卡分享给指定的一个朋友，也可以分享到朋友圈或微博中。

图 8–16　分享微信会员卡

（3）在图 8–16 中触按“发送给朋友”按钮，将显示通讯录列表，从中选择朋友名字，接着出现图 8–17 所示界面。

（4）可以输入一些给朋友说的话，也可以不输入内容。触按下方的“发送”按钮即可将会员卡发送给好友。

（5）好友在聊天界面中看到的是如图 8–18 所示的信息，其中会员卡作为一条单独的信息发送，而图 8–17 中输入的文字又作为一条信息发送。收到这个信息后，触按会员卡消息，将打开如图 8–9 所示的界面，开始领取新的会员卡。

图 8–17　发送微信会员卡的分享信息

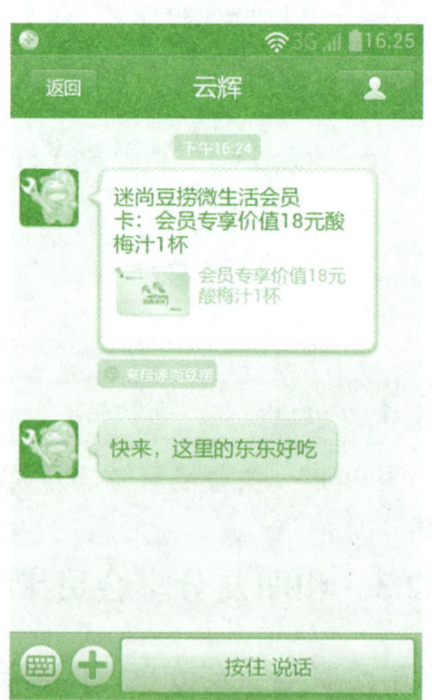

图 8–18　接收微信会员卡的分享信息

第9章

公众平台，为营销而生

通过这一平台，个人和企业都可以打造一个微信的公众号，并实现和特定群体的文字、图片、语音的全方位沟通、互动。

可以说，微信的公众平台是为营销而生的。通过它，企业可以将营销做得更好、更能充分地发挥自媒体的营销效果。

9.1 公众账号营销方法多

由于微信公众账号可设置精确的定位，公众平台提供了强大的后台支持功能，并提供了 API 接口，使得微信公众平台一经推出，就得到了各类机构、明星的热捧，纷纷注册。微信公共平台第一次给大家提供了感受移动互联网的机会。

经过一段时间的发展，现在微信公众账号的使用出现了很多种方式，如常见的群发消息、通过自动回复与用户互动、通过 API 扩充功能等。

随着微信公众平台功能的不断增强，其应用还将会出现更多的形式。

9.1.1 群发消息

微信公众账号最常用的功能就是群发消息。通过这个功能，企业可以向所有关注自己的微信好友推送消息。这也是做营销最常用的方法，将广告信息、品牌宣传信息等推送给客户。

微信的群发消息也支持很多种类，如普通文字信息、图文信息、声音、视频等都可推送给好友。如图 9–1 所示是“NBA 星播客”这个公众账号推送的图文信息。

由于普通公账号每天只能群发一条消息，因此，将多条相关信息组织在一起，组成一条多图文消息，然后再进行推送，这样就可给好友推送更多的信息内容。

在图 9–1 中，通过触按相应的标题文字，就可看到该条图文信息的具体内容。如图 9–2 所示是触按封面标题图文时所看到的内容。

在图 9–1 中，位于列表最上方、且具有较大背景图的这一条信息是封面图片消息，在下方还可以列出多条消息，分别描述不同的内容。

如果要向好友推送具有相关主题的消息，则可以创建这种多图文消息，然后进行群发。这样，可将这些具有相关主题的消息通过一条群发就发送给好友。

图 9–1 NBA 星播客推送信息

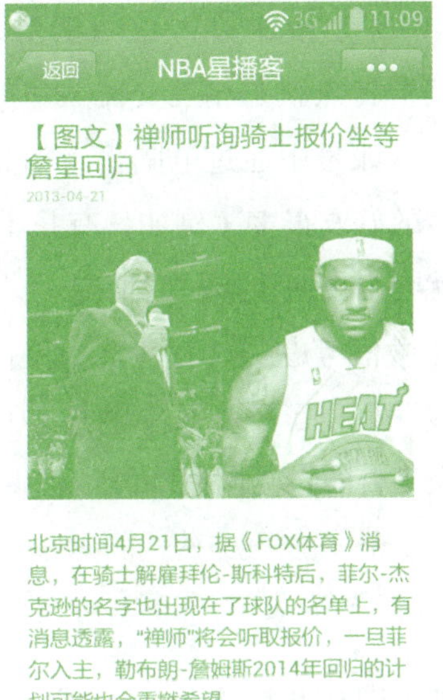

图 9–2 浏览具体信息

除了群发图文消息之外，还可以群发一般的文字消息。如图 9–3 所示是“新东方在线”群发的一条消息。根据这条消息，回复一个数字，就可收到发送来的一条语音消息，如图 9–4 所示，触按语音消息框可听到相应的语音信息。

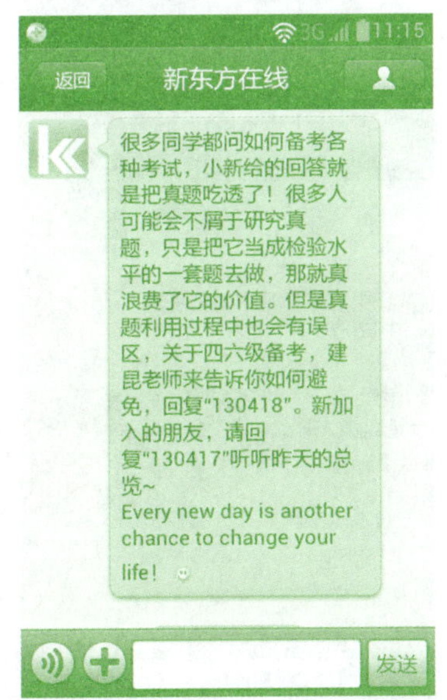

图 9–3 新东方的群发信息

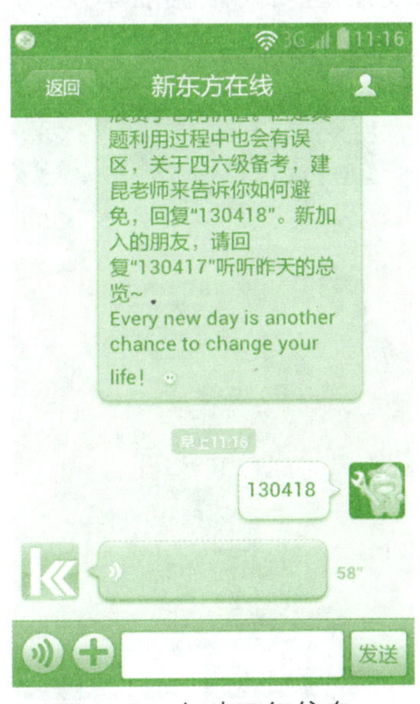

图 9–4 自动回复信息

9.1.2　利用自动回复信息导航

微信的特点就是相互交流。一般来说，与好友进行交流是很简单的。并且，在公众账号中通过电脑输入信息，比手机输入信息还要快。可是，如果公众账号的好友很多（例如，有几千甚至上万个好友），每个好友发一条信息过来，就会出现疲于应付的情况。

好在微信考虑到这种情况，提供了自动回复功能。例如，图 9–4 给“新东方在线”回复了一条数字消息，马上就可以收到一条语音信息，这就是使用了公众平台的自动回复功能，根据好友发过来的信息，自动进行回复。

技巧　使用微信提供的这种自动回复功能，可为好友进行信息导航。

例如，图 9–5 是歌手“杨坤”的公众账号，给这个账号发送一条消息后，将显示图 9–5 所示的回复内容。从回复的信息可看到，只需要发送杨坤的一首歌名，就可听到这首歌曲。如果不知道他有哪些歌，则可发送一条文字信息“你爱我”，就可收到歌单，如图 9–6 所示。从图中可出，收到的歌单是一条图文信息，这时再根据歌单发送一首歌曲的名称，则可收到这首歌曲。这样，就可以播放歌曲了。

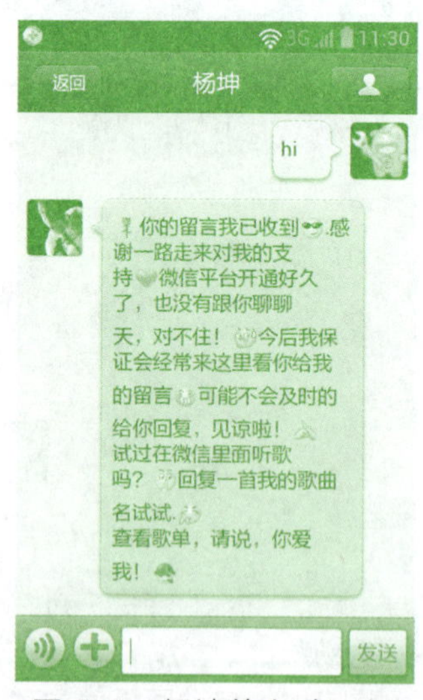

图 9–5　杨坤的自动回复

图 9–6　歌单内容

提示 在与“杨坤”交流的过程中，他通过设置自动回复来进行歌曲信息的导航，让好友可以点播自己的歌曲。

与此类似，几乎所有的公众账号都使用了自动回复功能与好友进行交流。只是不同账号根据其需要，自动回复的信息有所不同。

9.1.3 用自定义回复接口扩充功能

微信开放了自定义回复接口，围绕这个自定义接口出现了很多公众账号，其中不乏查找功能的，比如查酒店、查餐馆、查优惠等。

例如，单词助手（微信号：dict123）就是一个查询的例子。关注“单词助手”后，即可进行单词的中英文互查了。如图 9-7 所示输入中文可查询其英文；类似地，发送一条英文信息，则可返回对应的中文释义，如图 9-8 所示。

图 9-7 单词助手中译英

图 9-8 单词助手英译中

9.1.4 用自定义菜单接口扩充功能

2013 年 2 月，微信又开放了自定义菜单接口。除了通过对话与用户互动之外，自定义菜单让微信号添加了相当于导航的功能。

例如，城市画报（微信号：cityzine）就使用了自定义菜单接口来扩展功能。如图 9–9 所示是“城市画报”推送的图文信息，在下方看到的不是微信的聊天输入框或语音聊天界面，而是“各期杂志”、“台湾专业”、“城市发声”这几个按钮。触按“各期杂志”按钮左侧的键盘图标，将显示如图 9–10 所示的界面，这时可看到微信的语音聊天按钮，并且左下角还多了一个菜单按钮，触按这个按钮又会返回到如图 9–9 所示的界面。

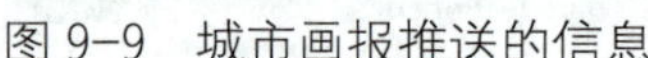

图 9–9　城市画报推送的信息

图 9–10　城市画报的聊天界面

在图 9–9 中，触按“各期杂志”按钮，将弹出如图 9–11 所示的菜单，从中可选择前期推送过的图文信息进行查看。在图 9–9 中触按“城市发声”按钮，从弹出的列表中选择一项，就可以收到一条语音信息，如图 9–12 所示，触按该语音框就可以听到声音。

图 9-11 各期杂志

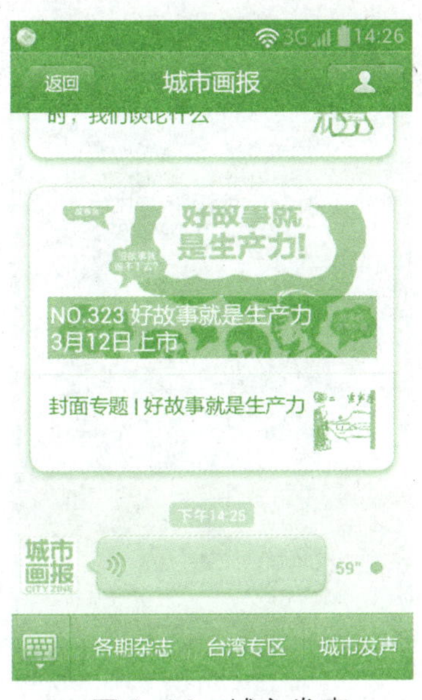

图 9-12 城市发声

9.1.5 其他使用方法

由于微信提供了 API 接口，并且随着时间的推移，还将不断推出其他新的 API 接口（如自定义菜单接口就是 2013 年 3 月份才推出的）。这样，就给公众账号的使用提供了新的方法。

再看一个“微信路况”的使用方法，其微信号为 weixinlukuang。

提示 “微信路况”既可以查询路况，还可以查询违章信息，还提供电子狗功能。

关注“微信路况”后，可看到如图 9-13 所示的信息。从中可看到，共提供了 3 个大的功能，对于“路况查询”又提供了多种方法。例如，使用选择“位置”信息的方法将目标位置找到，将位置信息发送给“微信路况”，如图 9-14 所示，然后“微信路况”将返回该位置附近的路况。

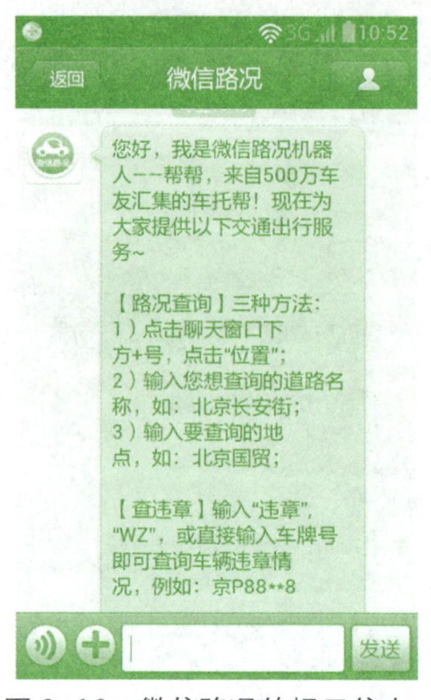

图 9-13　微信路况的提示信息

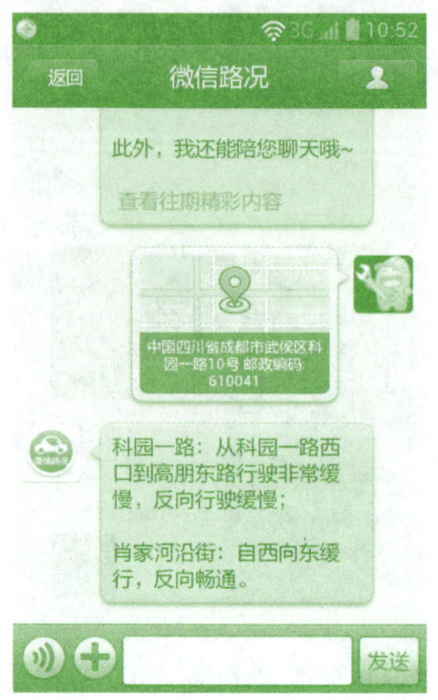

图 9-14　微信路况的实时信息

根据图 9-13 的提示信息，直接输入车牌号码就可以查询违章信息。输入车牌号码后，根据提示继续输入车架号、发动机号就可查询到是否有未处理的违章记录。系统还会记住输入的这些信息，当车辆有新的违章时，“微信路况”会主动推送信息。

可以看出，将公众账号与微信公众平台的 API 相结合，由技术人员编写相应的后台程序，可以使一个公众账号成为一个系统，相当于一个 App。

对于大部分的草根来说，用微信主要是做一个产品（或品牌）的营销，使用微信提供的后台管理系统就可以了。因此，本章下面主要介绍怎样使用公众平台的后台进行营销。

9.2 细分用户，精准营销

注册好公众账号后，就需要将其进行散发，让感兴趣的用户进行关注。

必须要有 500 位以上的关注用户，才能进行账号的认证。

在公众平台的后台系统中，可以对关注的用户进行方便有效的管理。

9.2.1 登录公众平台后台

微信公众平台只能在电脑中使用，不能通过手机登录公众账号。因此，用公众账号进行推广营销时，必须在电脑中登录到公众平台的后台。

在电脑浏览器中打开 http://mp.weixin.qq.com/ 链接，将显示如图 9–15 所示的登录界面。在这里输入注册时使用的电子邮箱，并输入密码后，单击“登录”按钮即可登录到公众平台管理后台。

图 9–15　公众平台登录界面

图 9–16 所示是登录后的页面。上方有一条菜单栏，其中有首页、实时消息、用户管理、群发消息、素材管理、设置、高级功能等几个菜单命令。首先显示的是“首页”内容，在首页中，左侧是一些常用功能的链接，右侧是“系统公告”、API 文档等内容。

如果登录的公众账号中有新关注的用户或收到用户的消息，则首页如图 9–17 所示。这时在“待办事项”下列出了新增用户的数量、收到消息的数量，下方还会以折线图的方式显示每日新增订阅人数和每日接收消息数，可以直观地看到该账号受关注的程度。

图 9-16　登录公众平台

图 9-17　收到用户的消息

9.2.2 分组管理用户

在微信中可对用户进行分组管理。分组的好处是，可以将一些消息分别投放到不同的分组中，以实现精确投放。

注意

由于普通公众账号每天只能群发一条消息，也就是只能给一个分组群发消息，如果分组太多，每个分组收到消息的间隔天数可能会很久，因此分组也不宜太多。当然，也可以将消息一次群发给全部用户。

在公众平台中进行分组管理比较简单，在图 9-16 中单击菜单栏中的“用户管理”（或主页下方的“用户管理”）链接，将显示如图 9-18 所示的用户列表，在这里将显示用户的头像、名称、所属分组。

技巧

还可以通过每个用户右侧的“修改备注”给用户添加备注信息，添加后，用户列表中将显示备注信息，并用括号将用户名括起来〔如图9-18中的“12中（背影）”，其中“12中”是备注信息〕。

图 9-18 用户列表

在图 9-18 中，单击某个用户的头像或名称，即可打开“实时消息”界面，可与该用户实时聊天，这时的聊天是“1 对 1”的方式，其他用户看不到聊天内容。

用户管理主要就是对用户进行分组，创建分组的方法如下：

（1）在图 9-18 左侧单击“新建分组”链接，在该链接上方将出现一个文本框，在其中输入组名即可，如图 9-19 所示。

（2）用同样的方法再创建一个分组，得到如图 9-20 所示的“初中”和“小学”这两个分组。

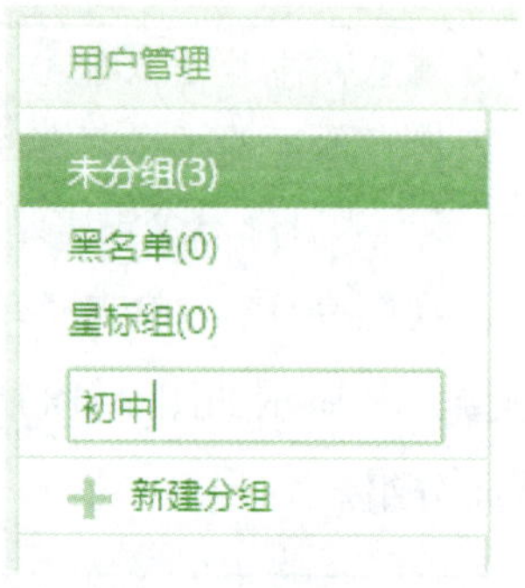

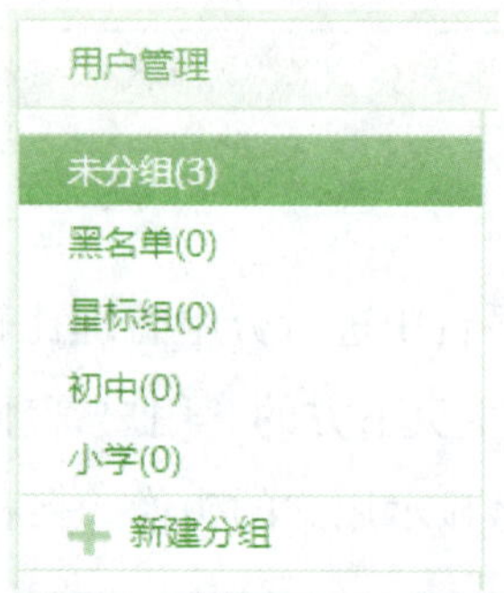

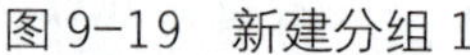

图 9-19　新建分组 1　　　图 9-20　新建分组 2

创建好分组后，就可以将用户归类到不同的分组中。在用户列表中，单击右侧的分组列表框，将显示如图 9-21 所示的列表，在该列表中选中要放入的分组名称，然后单击右侧的“放入”按钮，即可将该用户放入指定的分组中。

图 9-21　选择分组

如果要将很多未分组的用户放入同一个分组，也可以在图9-20中勾选用户名左侧的复选框，然后在“批量分组”右侧选择组名，再单击其右侧的“放入”按钮，即可将选中的用户归入指定的分组中。

9.3 素材管理，为及时响应作准备

在微信公众平台中推广企业品牌时，可推送与其相关的文字、图片、语音、视频等多种信息。对于品牌的介绍、常见问题等信息都需要事先准备好，在需要的时候直接发送给用户即可。这样，既可保证与用户沟通的响应速度，也可保证发送信息的正确性，防止临时输入出现的错误。

为了方便对这些信息的管理，微信提供了“素材管理”功能，可以事先将这些素材上传，以方便以后快速引用。图 9-22 所示是“素材管理”的操作界面。

图 9-22 “素材管理”操作界面

微信公众平台的素材管理分为 4 类，分别是：图文消息、图片、语音、视频。其中图片、语音、视频的管理都比较简单，只需要将相应的信息上传到服务器即可，需要注意的是，这些素材也有一定的限制条件，具体如下：

- 图片的大小限制：2M，格式限制：bmp、png、jpeg、jpg、gif。
- 语音大小限制：5M，长度限制：60s，格式限制：mp3、wma、wav、amr。
- 视频大小限制：20M，格式限制：rm、rmvb、wmv、avi、mpg、mpeg、mp4。

“图文消息”是指由图片、文字等构成的一条消息。用户接收到后看到的是缩略图和消息的标题，触按才显示具体的消息。

技巧 由于“图文消息”可以携带的信息量很多，因此微信公众账号推送的消息大多都采用这种形式。

下面介绍如何制作“图文消息”素材。

（1）将鼠标移到图 9–22 所示界面的加号框中，将显示如图 9–23 所示的 2 个选项，可分别用来添加“单图文消息”或“多图文消息”。

图 9–23　图文消息列表

（2）单击“单图文消息”，将显示如图 9–24 所示的界面。

（3）输入标题、上传封面图片、输入摘要，接着在“正文”中输入相关的正文内容，如图 9–25 所示。

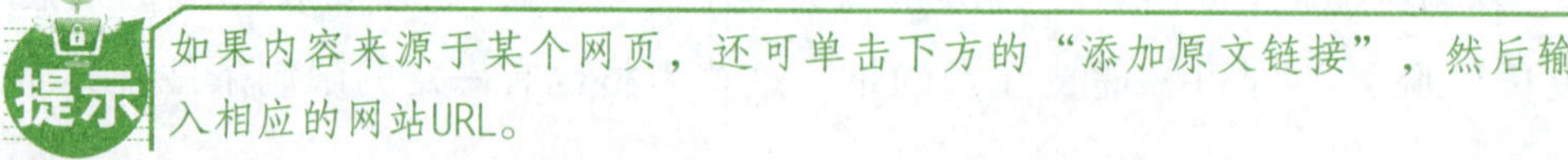

提示 如果内容来源于某个网页，还可单击下方的“添加原文链接”，然后输入相应的网站URL。

图 9-24　增加单图文消息

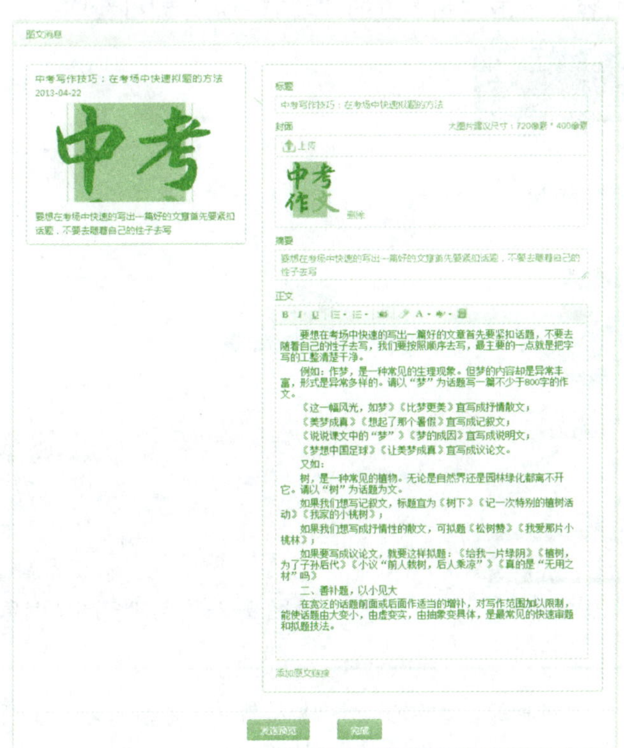

图 9-25　输入内容

（4）单击“发送预览”按钮，将弹出如图 9-26 所示的对话框，输入一个微信号，在手机中就可预览到这条图文信息，如图 9-27 所示。触按下方的“查看全文”即可看到图文消息的全部内容。

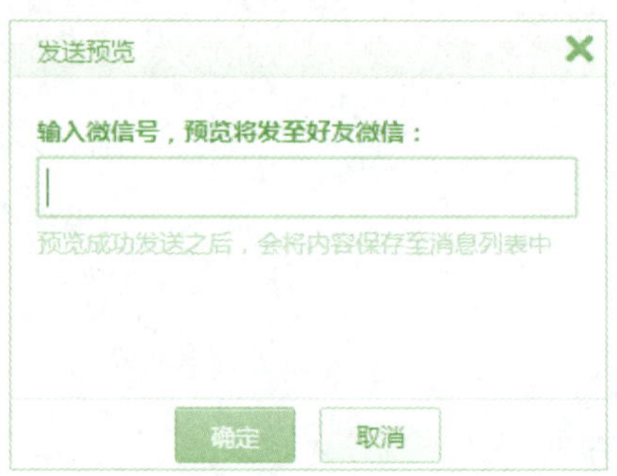

图 9-26　发送预览

（5）在手机中预览效果满意后，在图 9-25 中单击“完成”按钮，即可将该条图文消息添加到后台中。

以上是创建“单图文消息”的过程，创建“多图文消息”的过程与此类似，只是在“多图文消息”中可以在一条信息中包含多条消息，其创建的界面如图 9-28 所示。在左侧显示每一条图文消息的图片和标题，右侧显示某一条图文消息的内容。单击左侧下方的“增加一条”即可新增一条图文消息。

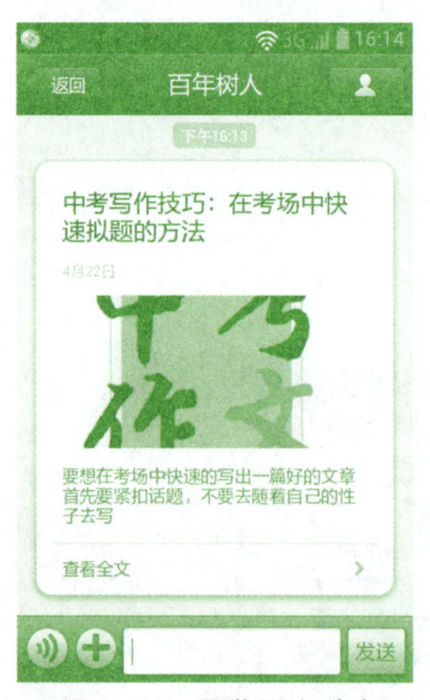

图 9-27　预览图文消息

图 9-28　创建多图文消息

在创建图文消息时，在“正文”输入框中也可插入图片、视频等内容。

在“正文”输入框上方有相关的按钮，单击“图片”按钮，将打开如图 9-29 所示的窗口，在其中上传图片即可。对上传的图片还可以进行旋转、对齐等设置。

单击图 9-28 上方的“视频”按钮，将打开如图 9-30 所示窗口。

注意 在这里只能输入视频网址来引用网站中的已有视频，并且，现在只能引用v.qq.com中的视频。

图 9-29　添加照片

图 9-30　增加视频

9.4 自动回复，不可或缺的助手

使用自动回复功能可以快速响应用户，并自动完成与用户的交互。在使用微信营销时，要善于使用自动回复功能，减轻客服人员的工作量。

9.4.1 在哪里设置自动回复

在公众平台界面中单击菜单栏中的“高级功能”，将显示如图 9-31 所示界面。

从图 9-31 中可看到，只能启用一种模式。这里单击“编辑模式”，即可进入如图 9-32 所示的编辑模式。在该界面中就可设置“自动回复”，也可停用“自动回复”功能。

图 9-31　高级功能

图 9-32　编辑模式

在图 9-32 中单击“设置”按钮进入“自动回复”设置界面，如图 9-33 所示。

从图 9-33 中可看出，自动回复分为 3 大类：

- 被添加自动回复；
- 消息自动回复；
- 关键词自动回复。

当某个微信用户首次关注该公众账号时，将显示“被添加自动回复”。而当微信用户发送消息时，将匹配关键字，若在“自动回复”中找到相同关键字，则会将“关键词自动回复”中设置的回复内容发送给用户；若关键字中未找到匹配关键字，则会将“消息自动回复”中设置的回复信息发送给用户。

若“消息自动回复”未设置内容，则不会响应用户发过来的信息。

图 9-33　自动回复设置界面

技巧　根据以上规则可看出，在“自动回复”中可根据需要分别设置这3种回复信息，以达到及时响应用户的目的。

9.4.2　设置被添加自动回复

在微信公众平台设置“被添加自动回复”后，用户在添加该微信公众账号时，会自动发送设置的回复信息，回复信息可以是文字、语音、图片或视频。

通常在“被添加自动回复”中设置一段介绍该账号的文字或与此相关的一个链接。

设置被添加自动回复的步骤如下：

（1）在图 9-33 中，单击左侧的“被添加自动回复”命令。

（2）在右侧的设置回复内容，如图 9-34 所示。在这里既可以设置回复的信息为文字、也可以上传一段语音、图片、视频作为被添加时的回复内容。

技巧　在图9-34中输入文字时，还可单击“表情”链接打开表情框，选择相关的表情并将其添加到文字中。

（3）设置好回复信息后，在图 9-34 中单击“保存”按钮即可将自动回复信息保存到服务器中。

图 9-34　设置“被添加自动回复”

如果好友关注这个微信公众账号，将看到如图 9-35 所示的一条自动回复信息。

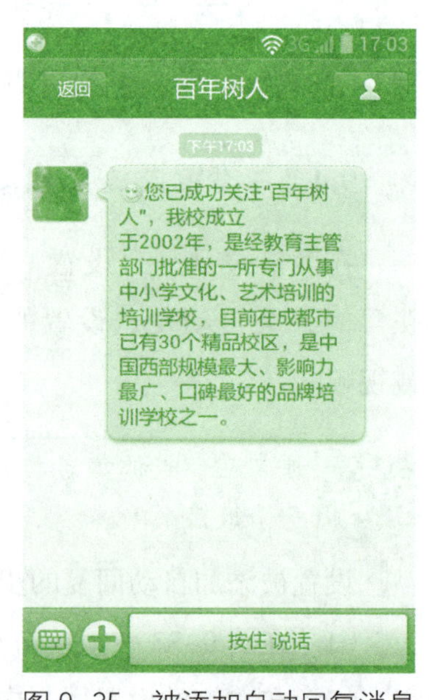

图 9-35　被添加自动回复消息

9.4.3　设置消息自动回复

对于营销用的公众账号，应该设置“消息自动回复”的内容，这样，当用户发送一条消息过来时，可以及时反馈，让用户对下一步做什么心中有数。

如果用户发送消息后没有任何响应，就会认为该账号没有人维护，被取消关注的可能性会增大。

设置消息自动回复的操作步骤如下：

（1）在图 9-34 中单击选择左边的“消息自动回复”链接，进入设置界面。

（2）“消息自动回复”设置界面与图 9-34 所示的“被添加自动回复”的设置界面类似，也可以设置文字、语音、图片、视频等回复信息。单击选择“语音”选项卡上传一段语音作为自动回复的内容，将显示如图 9-37 所示的“选择语音”界面。在这里上传一段语音。

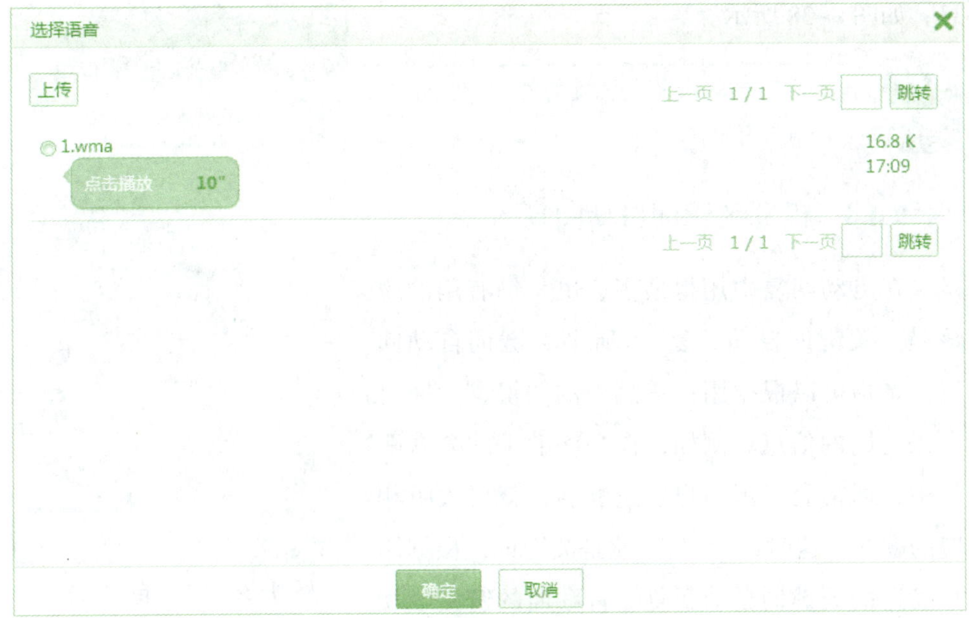

图 9-36 设置“消息自动回复”

（3）在图 9-36 中选择上传的语音后，单击“确定”按钮，即可选择这段语音为自动回复内容，如图 9-37 所示。在这里还可以单击播放语音。

图 9-37 添加语音自动回复消息

（4）单击“保存”按钮，即可将选择的语音作为自动回复内容。

设置好“消息自动回复”内容后，如果用户发送一条信息（如一条语音信息），当没有关键词回复相对应，则公众账号将会给对方回复一条语音信息，如图 9–38 所示。

若“消息自动回复”设置的是一条文字信息，则用户收到的将是一条文字内容。

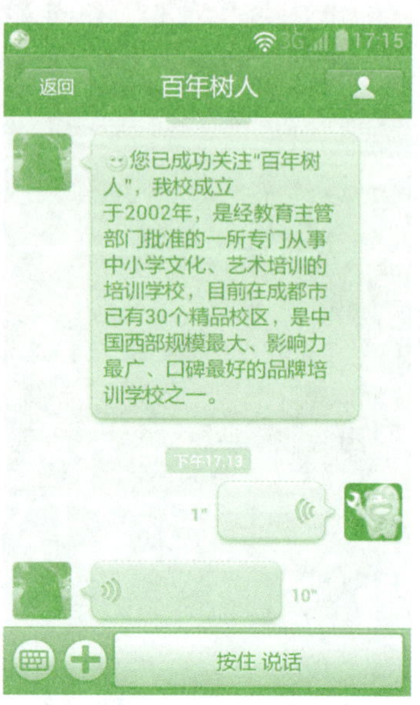

图 9–38　语音自动回复

9.4.4　设置关键词自动回复

在自动回复中用得最多、也是最有用的应该是“关键词自动回复”。所谓关键词自动回复，是指可以根据用户消息中的关键词，回复一条对应的信息。例如，在一些歌手的公众账号中，通常会提示用户发送歌名，就可收听相应的歌曲。这时，“歌名”就是关键词，根据用户发送的关键词自动回复一首歌曲的链接或视频。这样，就可与用户进行互动，而不用歌手（或其工作人员）手工回复这些信息了。

同样，在产品营销过程中，也可以从客户经常咨询的问题中提炼出关键词，再根据这些关键字编写好相应的回复信息。这样，当客户向公众账号发送消息时，就可根据消息中的关键词自动回复了，而不需要客服人员参与。

在设置关键词时需要注意，每条回复信息的字数不能超过300字。但是，对于一些内容较多的信息该怎么办呢？可先在“素材管理”中创建好一条或多条图文消息，然后在回复中选择图文消息，就可避开这个限制。

关键词自动回复规则的条数是有限制的，最多只能设置 200 条回复规则，因此，要根据营销产品的特点，浓缩编制出 200 条以内的关键词。

设置关键词自动回复的操作步骤如下：

（1）在图 9–34 中单击左侧的“关键词自动回复”链接，将显示如图 9–39 所示的界面，在这里显示了已有的关键字回复设置内容。

（2）在图 9–39 中单击右侧的“添加规则”按钮，将打开如图 9–40 所示的“新规则”界面。在这个界面中进行操作，就可添加一条规则。首先在

“规则名”右侧文本框中输入规则名称。

这里设置的规则名主要是用来分辨不同规则，与关键词无关。

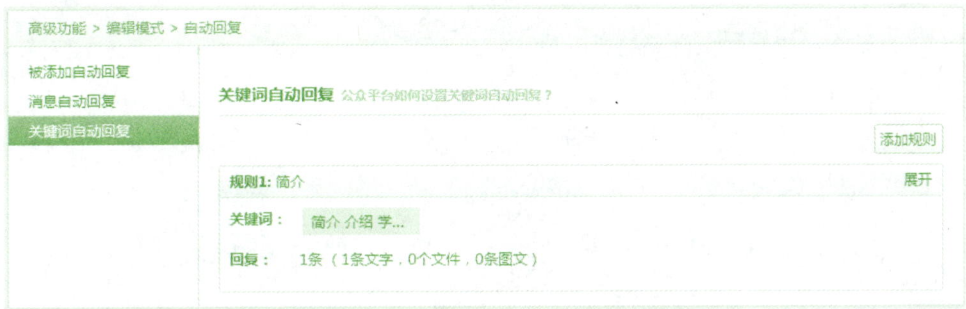

图 9-39 已有的关键词回复信息

图 9-40 设置“关键词自动回复”

（3）在图 9-40 下方单击“添加关键字”按钮，将打开如图 9-41 所示的对话框，在文本框中可输入多个关键字，每个关键字为一行。输完关键字之后，单击右下角的“确定”按钮返回如图 9-40 所示的界面。

图 9-41　添加关键字

（4）在图 9-40 右下方有“文字”、“文件”、“图文”3 个图标，单击其中之一就可以为关键字设置回复信息。如果单击“文字”图标，将显示图 9-42，在文本框中输入回复的文字内容（不超过 300 字），然后单击“确定”按钮，即可将回复信息添加到图 9-40 所示界面中。

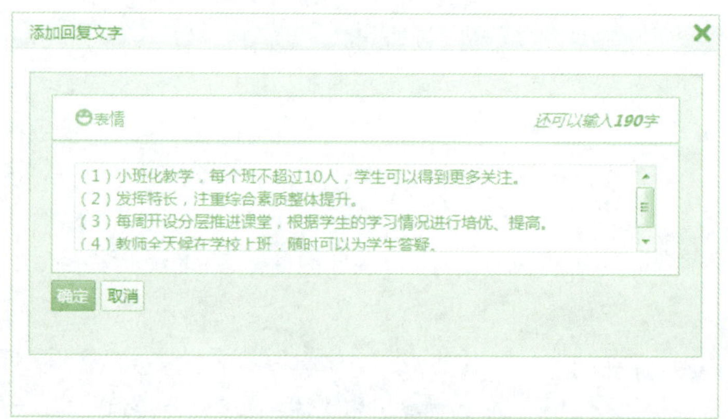

图 9-42　添加回复文字

如果在图 9-40 中单击右下角的“图文”图标，将显示如图 9-43 所示的对话框，在这里将列出素材库中已有的图文消息，单击选择其中一条，则可将该条消息作为自动回复的内容。

图 9-43　选择图文消息

如果自动回复中要设置一条语音或视频，则可在图 9-40 中单击右下角的“文件”，将显示已上传到素材库中的语音、图片、视频列表，如图 9-44 所示，从这些列表中选择一项作为回复内容。

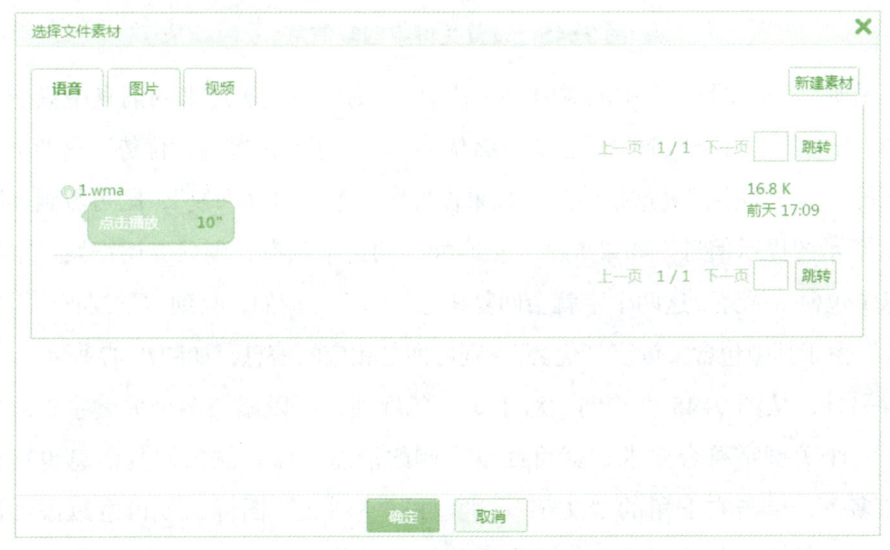

图 9-44　素材库列表

（5）添加好关键字和回复信息后，将得到如图 9-45 所示的界面。在“关键字”右侧有一个“全匹配”复选框，如果选中该复选框，则用户发过来的消息内容必须与该关键字完全相同，才会回复对应的信息。

图 9–45　设置关键字回复信息

例如，对于图 9–45 中的关键字“优势”，则用户发送过来的消息中只能有这两个字才行，如果收到“学校有什么优势？”由于其内容与“优势”这两个字不匹配，因此不会回复这条消息，如果设置了“消息自动回复”，则可收到如图 9–46 所示的提示信息。如果取消“全匹配”的选中状态，则只要用户发过来的消息中包含“优势”这两个字就会回复相应的内容，例如，收到“学校有什么优势？”由于其中包含关键字“优势”，则可回复相应的信息，如图 9–47 所示。

另外，从图 9–45 可看到，对于每一条规则，可以添加多个关键字，只要其中一个关键字符合要求，就可回复右侧的消息。而右侧的回复消息也可以添加多条，单击右下角的“文字”、“文件”、“图文”图标，就可继续添加回复消息。对于多条回复消息，通常会随机发送其中的一条，如果选中右上方的“发送全部回复”，则会将该条规则下的回复消息逐条发送出去。

图 9-46　全匹配情形下的回复

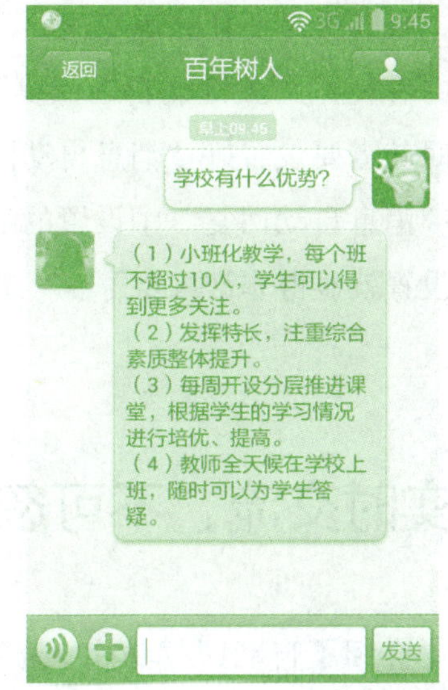

图 9-47　未全匹配情形下的回复

技巧

利用多条消息随机发送的规则，可以设计一些有趣的回复，让用户不会觉得总是千篇一律，从而增加趣味性。不过，每条规则中回复消息的数量也有限制，最多只能设置5条。

在设置“关键词自动回复”时，通常应先进行规划，考虑导航的层次、常用的关键词等。如果想根据用户发送的消息进行导航，建议关键词设置为数字，因为手机中输入数字是最方便的，输入中文比较麻烦。如果想就产品的一些特性或服务进行介绍，则可通过中文关键词进行回复，这样，用户发送的信息总是能得到与其相关的回复。

当关键词设置很多时，常常会出现重复的情况。自定义回复只允许某个关键词出现一次。如果在不同的规则下面出现相同的关键词，则自动被最新设置的所替代。

注意

在设置关键词的时候千万不要出现重复的情况。这就需要提前将关键词规划好，然后再输入到系统中。

如果将“关键词自动回复”设置得比较完美，则微信可以充当一个自动聊天机，根据用户发来的消息自动与其聊天，介绍产品（或服务）的相关信息。这样，既能提高消息的响应速度，又能减少客服人员的开支。

当然，在使用“关键词自动回复”功能时，也不可能将所有关键词都考虑到，这时就需要设置好“消息自动回复”，当所有关键词都不能匹配时，就可以通过“消息自动回复”中设置的消息来自动回应用户。因此，“消息自动回复”的设置就显得非常重要了。

9.5 实时交流，不可忽视

上节中介绍了自动回复功能，通过设置，可在用户进行关注、发送消息时及时进行回应。但是，这些自动回复消息只是预先设置的，并不能考虑到所有情况。并且，自动回复功能只是人与机器的交流，始终没有人与人交流的那种感觉。

特别是刚开始推广公众账号时，用户数量少，建议尽量人工回复消息，增加用户的黏性。当用户数量很多，人工交流忙不过来时，再将常见问题通过“关键词回复”进行回复。

在公众平台中与用户进行交流也很方便，并且，由于是在电脑中输入，效率也很高。采用“实时消息”就可与用户进行交流。在公众平台页面中单击上方的“实时消息”菜单，将显示如图 9-48 所示界面。在这个界面中显示了最近 5 天与用户交流的消息，在图中可看到一位用户发送来的消息。

图 9-48 实时消息

在图 9–48 中单击用户的图标或名字，将进入如图 9–49 所示的聊天界面。

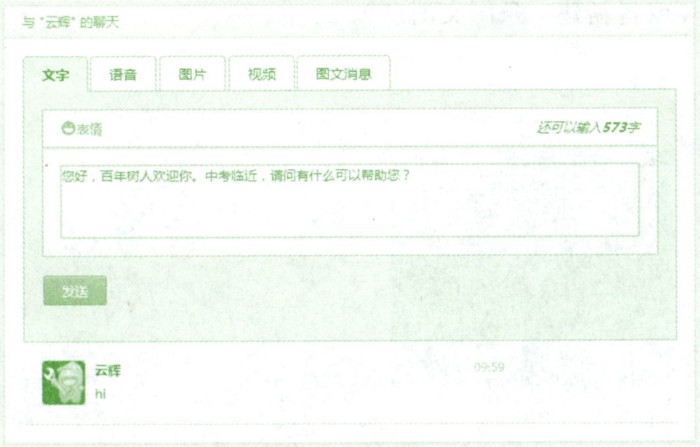

图 9–49　实时聊天界面

在图 9–49 中输入信息，单击“发送”按钮，即可将消息发送到用户手机中，如图 9–50 所示。

在与用户聊天的界面中，下方还将显示聊天记录，如图 9–51 所示。

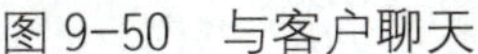

图 9–50　与客户聊天

图 9–51　聊天记录

从图中可看出，实时聊天时不仅可以发送文字消息，还可以发送语音、图片、视频、图文等内容。例如，若要发送一条图文消息，则可单击消息框上方的“图文消息”选项卡，将显示如图 9–52 所示的对话框。在其中选择一条图文消息（或者新建一条图文消息）。

图 9–52　选择图文消息

在图 9–52 中选择消息后，该消息缩略图上将显示一个对勾，再单击“确定”按钮，即可将该消息发送到用户的手机中，如图 9–53 所示。用户收到这条消息后，可通过触按图片或文字查看详细的信息。在图 9–53 所示图文消息中包含两条消息，触按其中一条，将显示其详细信息，如图 9–54 所示。

图 9–53　关键词匹配

图 9–54　查询具体信息

9.6 群发消息，广而告之

通过群发，可以将信息一次性发送给众多用户，这是一个高效省力的方法。正是由于这个优点，所有人都要使用该功能。如果群发消息很多，就会导致订阅用户不胜其烦的情况，就如同垃圾短信一样。为了防止用户收到过多的信息干扰，微信做了一个技术限制，认证用户在 24 小时内可群发 3 条消息，非认证用户在 24 小时内只能群发 1 条消息。

其实，对于非媒体账号来说，1 天 1 条群发消息应该够用了，不建议为了营销某个产品天天群发消息，那样只会增加用户的反感。有重要活动、新产品介绍或其他突发事件时，可以将消息推送密集点（如 1 天 1 条或 2 天 1 条），平常情况下，建议 1 周不超过 2 条。

注意 发送太多无用消息只会增加用户反感，从而取消对该账号的关注，反而得不偿失。

对于非认证用户来说，24 小时内只能群发一条消息，这就需要仔细规划、编写发送的消息了，不能随便地发送。

9.6.1 如何群发消息

在群发消息时，可对用户进行分组，每天针对一个分组群发一条消息，具有较强的针对性。

群发消息的操作步骤如下：

（1）在电脑的操作界面中，单击“群发消息”菜单，将显示如图 9–55 所示界面。

（2）在图中，上方有“群发对象”列表，默认是群发给“全部用户”，也可在这里选择“用户分组”，其右侧将显示分组列表，如图 9–56 所示。从中选择一个分组，则群发的消息将只发送给属于该分组的用户。

（3）在分组右侧还可以选择根据“性别”来群发，也就是说，每一个分组又可按性别再进行一次细分。

图 9-55　群发消息界面

（4）如果群发的消息只是针对某一个区域（如要在某个地区做一次营销活动），则可在下方“群发地区”中进行选择，如图 9-57 所示，可以选择国家、省（直辖市）、市。

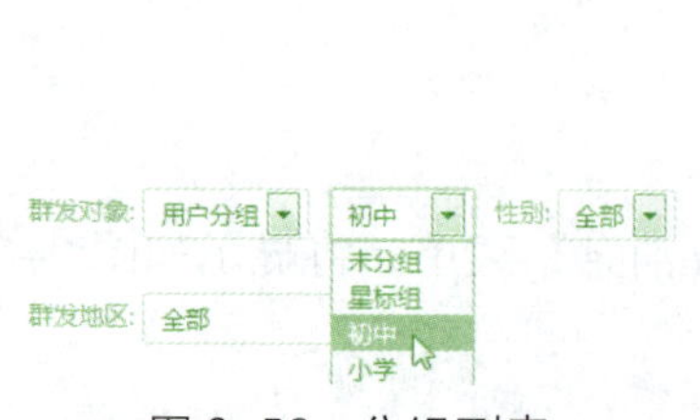

图 9-56　分组列表

图 9-57　往某个区域群发消息

通过上面这些步骤，就可以将用户细分，使群发的针对性更强。

知道了针对不同分组还可以按性别、地区进行细分，则在“用户管理”中对用户分组时，就不要再按性别、地区这两个特性进行分组了。

（5）设置好接收消息的用户群后，接下来就可以输入内容了。从图 9–55 可看到，群发消息也可以发送文字、语音、图片、视频、图文消息这几种类型。如果推送的信息比较多，可先在“素材管理”中制作好图文消息，再通过图文消息的方法进行群发。图 9–58 是选择一条图文消息后的界面（选择图文消息的过程可参考图 9–52）。

图 9–58 群发“图文消息”

（6）输入或选择好信息后，单击“群发消息”按钮，就可将该消息发送到所选的用户分组中。

群发消息不是实时发送的，通常会有10~20分钟的延迟。

从图 9–58 左侧的列表中可看到，在这里不仅可以“新建群发消息”，也可以查看“已发送”的群发消息。单击“已发送”项，将显示如图 9–59 所示的“消息”列表，这里列出了已群发的消息，包括消息内容、状态、发送时间等信息。

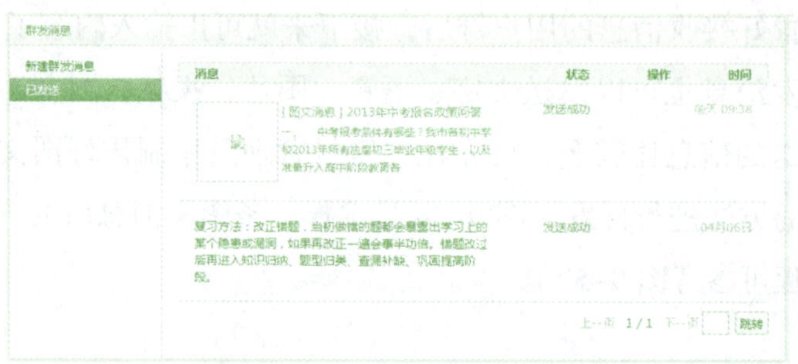

图 9-59　已发送消息列表

9.6.2　在手机中群发消息

前面介绍过，微信公众账号不能用来登录微信，所以也就不能通过手机向公众账号的关注用户群发消息了。不过，微信提供了一个公众账号“公众号手机助手”，通过向该账号发送消息，也可以在手机中向用户群发消息。

要使用“公众号手机助手”，首先需将公众账号与一个私人微信号进行绑定，然后关注“公众号手机助手”账号mphelper。

使用“公众号手机助手”的具体操作步骤如下：

（1）在电脑中登录微信公众平台。

（2）在菜单中单击“设置”，将显示“设置”界面，接着单击左侧的“公众号手机助手”项，显示如图 9-60 所示操作界面，在这里将公众账号与私人微信号进行绑定。

（3）在图中输入私人微信号，单击“绑定”按钮即可将公众账号与私人微信号进行绑定。

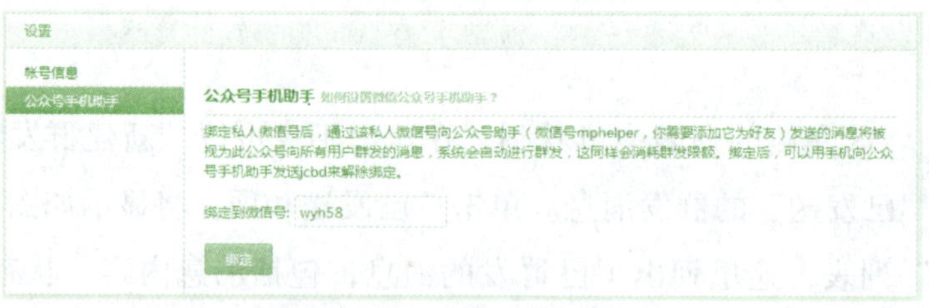

图 9-60　公众号手机助手

技巧 绑定后，可以通过手机向“公众号助手”发送字符“jcbd”解除该私人微信号与相关公众账号的绑定。

（4）接着在手机中登录私人微信号，查找并关注“公众号助手”mphelper，如图 9–61 所示。

经过以上两步的准备，通过这个私人微信号向“公众号助手”发送的消息，就被视为此公众号向所有用户群发的消息，系统会自动群发，这同样会消耗每天的群发消息限额。

（5）如图 9–62 所示，向“公众号助手”发送一条消息，根据提示再回复一个字母“Y”，公众号助手就会将该信息进行群发。

图 9–61 关注“公众号助手”

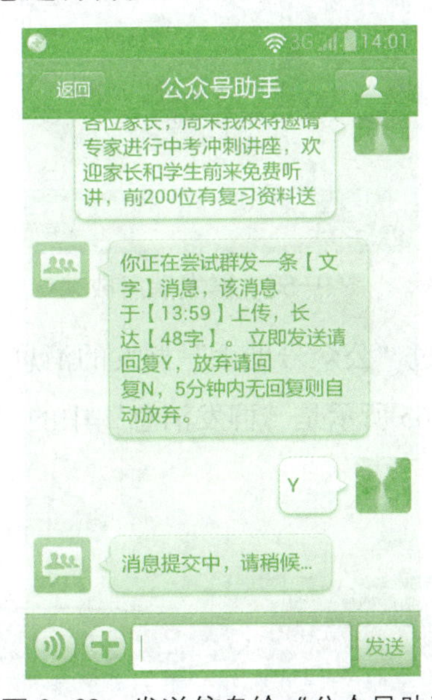

图 9–62 发送信息给“公众号助手”

提示 与在公众平台中群发消息类似，这里也会有一段时间的延迟。

经过几分钟的时间，“公众号助手”会回复一条已成功群发的信息，如图 9–63 所示。而用户将收到如图 9–64 所示的群发信息。

注意 从上面的操作可看出，通过"公众号助手"群发信息时，不能按分组、性别、地区等进行分组群发，只能群发给所有用户。

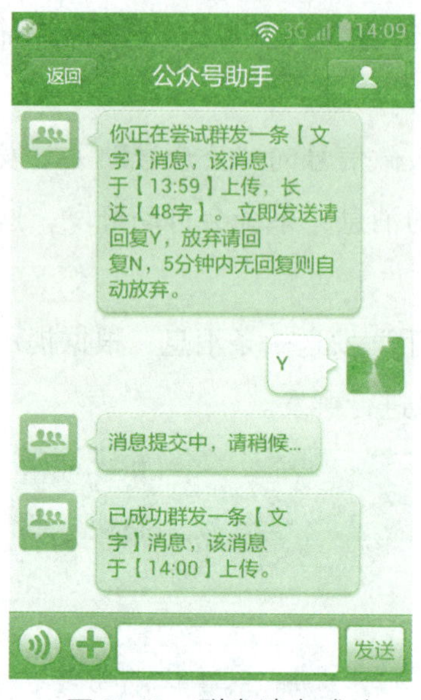

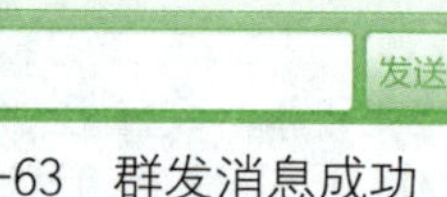

图 9-63　群发消息成功

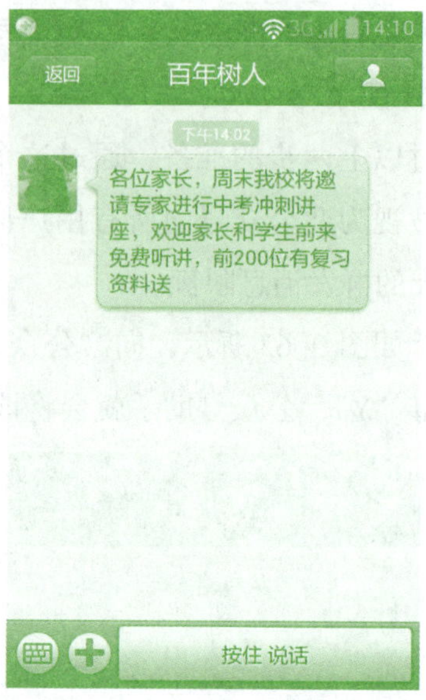

图 9-64　用户收到的群发消息

通过"公众号助手"群发的消息在公众平台的"群发消息"中也可看到，如图 9-65 所示是"群发消息"中的"已发送"界面，可看到刚通过手机群发的消息。

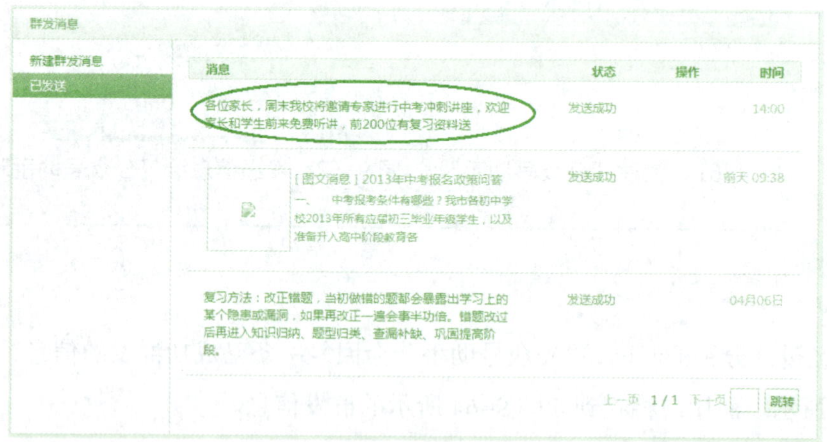

图 9-65　已发送消息列表

第10章

微信营销实战案例

互联网时代属于“眼球经济”时代，电视需要眼球，只有收视率才能保证电视台的经济利益；杂志需要眼球，只有发行量才是杂志社的经济命脉；网站更需要眼球，只有点击率才是网站价值的集中体现。因此，营销中总会出现很多吸引眼球的营销事件。

本章将介绍一些成功的微信营销案例，无一例外的，他们都是从内容角度出发，为用户提供高可用性的内容。

10.1 投资“微 Style”您的理财专家

真正成功的营销方案，不会只是一时地吸引眼球，而是要拥有长期、稳定的用户群，微信营销也是一样。对于微信用户，他们拥有取消关注的主动权，如何才能拥有长期、稳定的用户群？答案很简单：内容！必须在内容上下功夫，为用户提供方便、快捷获取信息的方式，则可以让用户离不开你。如果每天都群发一些广告，不出 3 天用户就跑光了。

中金在线是投资者首选的财经网站。他的微行情是国内首个基于微信开放平台为手机用户提供股票行情查询的服务，用户只需通过微信发送个股名称或代码，1 秒即可查询个股行情，轻松、便捷、省流量，免去传统手机股票软件繁琐的操作过程。

中金在线官方微信“微行情”自开通以来，以其新颖的形式，简单精确的特点，受到许多投资人士的欢迎。中金在线近日再出新招，为微行情添加了图文行情及利率查询功能，为用户提供更加直观和全面的查询服务它的下载界面如图 10-1。

在移动互联网时代，通过微信可以随时、随地查询股票信息。通过微信查股票行情无需访问网站，省去访问页面加载内容而产生的流量。

图 10-1 “微行情”下载界面

1. 股票板块指数查询

根据证券市场对上市公司行业、地区和概念的分类，1.4 版本的微行情为用户带来股票板块指数的查询，使用户更加精确地掌握股市动向。用户输入 300 医药、300 电信、中小板指、创业板指、基金指数、深证 300P 等关键字或字母简拼，即可查询相应的行情指数。

在手机中直接输入数字编码或关键字简拼要快捷很多。

例如，发送“中小板指”或其拼音首字母“zxbz”，将收到如图 10-2 所示的信息。在收到的信息中还可以查看相应的走势图，如图 10-3 所示。

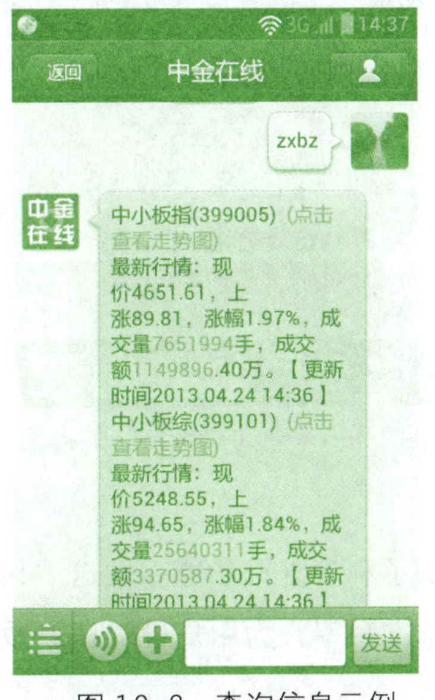

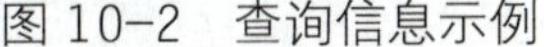
图 10-2 查询信息示例

图 10-3 查看走势图

2. 股票行情查询

微行情为个股行情提供了走势图浏览功能。发送股票名称、简拼或代码，1 秒钟便可查到最新行情，如图 10-4 所示。从图中可看到返回的股票行情是用图文形式显示的，触按“阅读全文”，还可查看相关个股公告、公司研报及个股 K 线图。

3. 贵金属行情查询

微行情支持贵金属关键字查询。查询范围涵盖现货黄金、纸黄金、黄金TD、现货白银、纸白银、白银TD。只需输入“黄金、金条、黄金TD、现货黄金、伦敦金、白银、白银TD、现货白银、国际银”即可了解最新的行情波动。如图10-5所示是查询“金条”的行情。

图10-4　走势图浏览

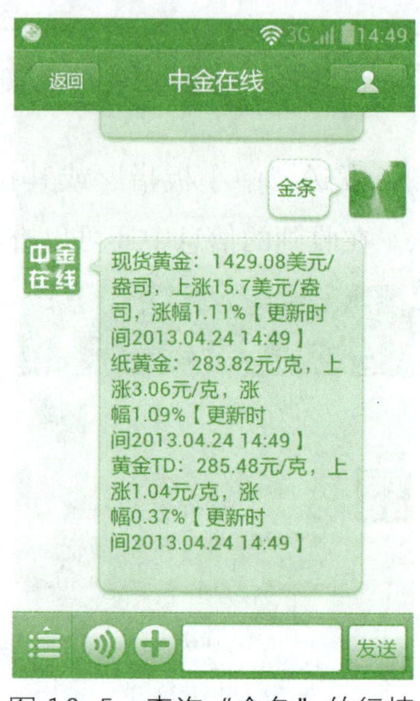

图10-5　查询“金条”的行情

4. 利率查询

除增加了图文行情外，微行情还提供了利率查询功能。发送“利率”至中金在线微信即可查询央行公布的最新基准利率，为用户投资理财做重要参考。如图10-6所示是查询利率的结果。

5. 自定义菜单

除了通过聊天方式查询相关信息外，“中金在线”还自定义了下方的菜单，通过菜单可查看财经要闻、评论、名博看市等内容，如图10-7所示。

可以看到，中金在线的微行情提供了丰富的功能，可以方便用户快速获取资讯。这样，投资人士每天都会使用这个公众账号，无形中就提高了用户对中金在线的依赖性。

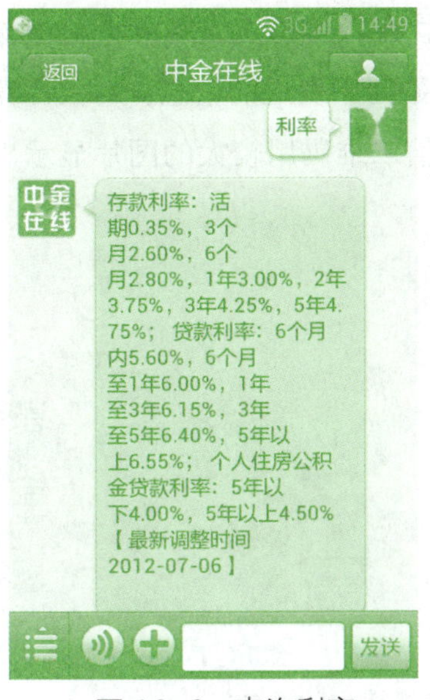

图 10-6　查询利率

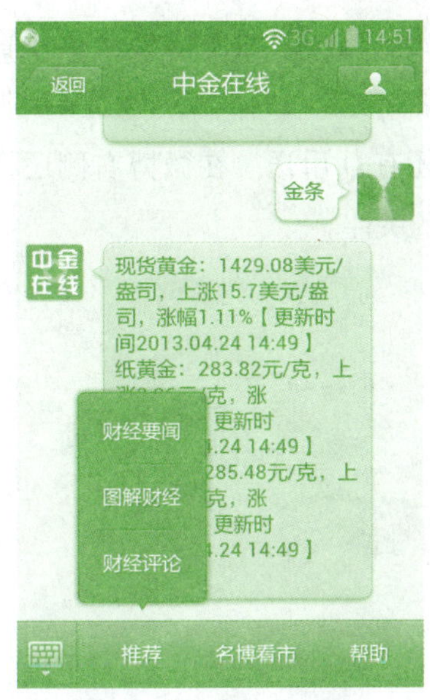

图 10-7　自定义菜单

10.2 艺龙旅行网“微信”吸客户

艺龙旅行网是中国领先的在线旅行服务商，致力于为消费者打造专注专业、物超所值、智能便捷的旅行预订平台。艺龙旅行网通过提供强大的地图搜索、酒店360度全景、国内外热点目的地指南和用户真实点评等在线服务，使用户可以在获取广泛信息的基础上做出最佳的旅行决定。

截至2012年9月，艺龙旅行网可提供全球20万家酒店的预订服务；同时通过与国内外各航空公司合作，向用户提供国内、国际绝大多数航班机票的实时查询和预订服务。

作为国内领先的在线旅游平台，艺龙旅行网在微博领域的营销一直被外人津津乐道。微信一推出，艺龙旅行网也马上开通了微信公众账号，在深入运营后获得了不菲的回报，关注用户高达几十万。

艺龙旅行网开通微信公众账号后，就在微博、人人网等平台中对其账号进行宣传，如图 10–8 所示就是在其腾讯微博中发送的信息，对关注其微信号的用户还有 Q 币送。在微博右侧还将微信二维码用较大的图片显示出来，吸引用户的关注。

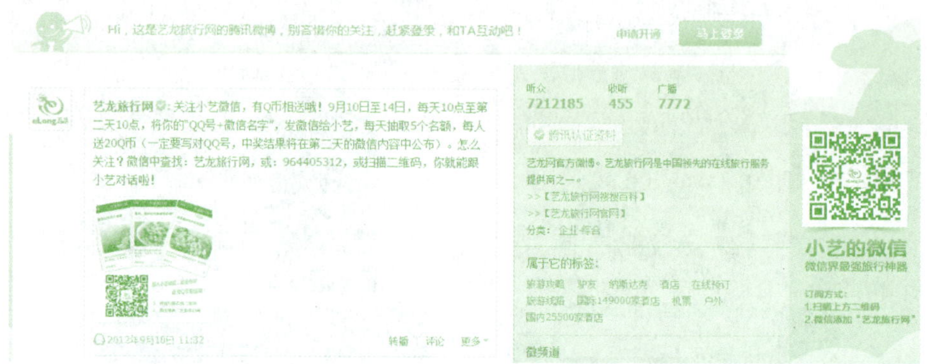

图 10–8　艺龙网在微博中的推广

在公众账号中做一些有奖活动，也可以快速聚集人气。艺龙旅行网开展了一个名为“与小艺一战到底”的活动，该活动将答题赢奖品的模式植入微信中，设置了每日有奖积分，最终积分最高的将获得丰厚大礼，艺龙还专门针对参与游戏的幸运楼层送上好礼，这样就大大地促进了游戏参与的积极性。

如图 10–9 所示，发送一个“go”消息，就可开始参与活动。在活动中将随机发送题目。用户回复一个数字即可答题，答对题后进行积分，如图 10–10 所示，同时显示下一道题目。

艺龙在活动推出后，还在其微博和其他可宣传的渠道大力推广，根据后台的数据，每日的互动活跃度高达五六十万，微信的订阅用户也同步新增几万。而整个活动的资金投入也比微博活动少得多，取得了让人满意的效果。

当然，要想留住用户，仅靠几次活动是不够的，还必须要做好内容定位。艺龙旅行网的定位非常明确，就是服务于旅游爱好者，并为旅游爱好者提供充足的内容。如图 10–11 所示，在聊天界面下方通过自定义菜单，提供了很多实用的、与旅游相关的内容，如订酒店、机票、车票，查询旅游景点等信息，都可以通过“艺龙旅行网”公众账号获取，方便了用户，也就留住了用户。

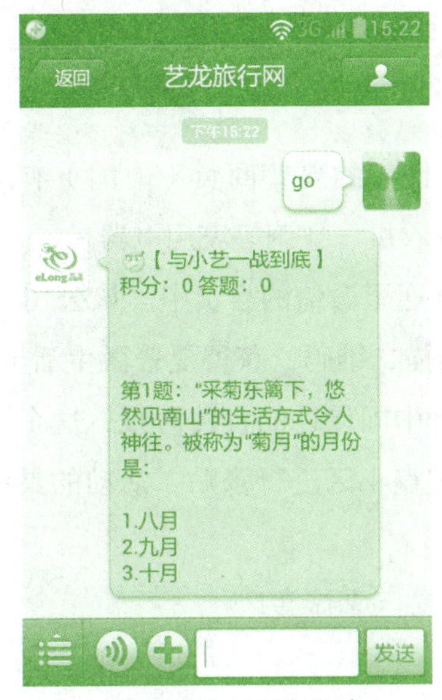

图 10-9 互动活动 1

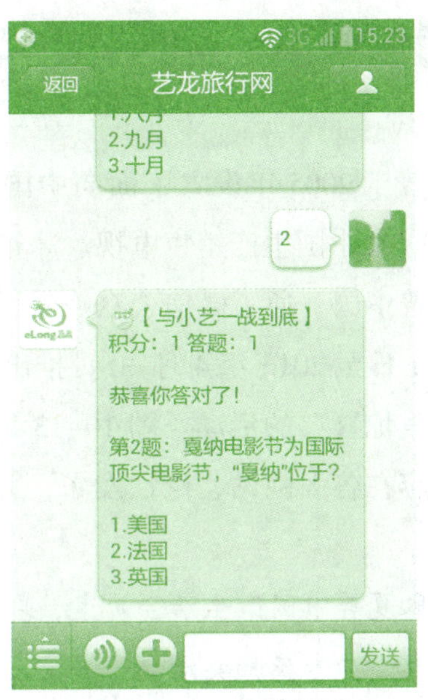

图 10-10 互动活动 2

如图 10-12 所示是发送"成都到深圳"，查询火车票的结果，触按返回的图文信息，就可以看到详细的火车票信息了。

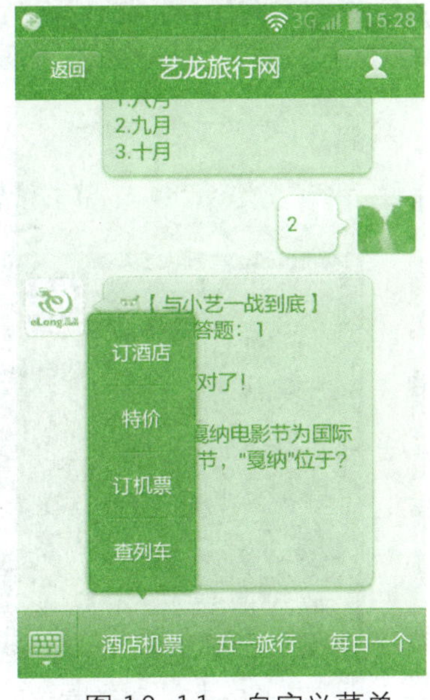

图 10-11 自定义菜单

图 10-12 详细信息

10.3 获微生活会员卡，享三重惊喜

夏普于 2005 年设立了面向中国国内销售的夏普商贸（中国）有限公司（SESC），在中国生产销售电视、冰箱、洗衣机、空调等家用电器。

夏普中国开通了微信公众账号，并开通了微信的会员卡。该公司在 2012 年 2 月 1 日至 2013 年 4 月 30 日推出“扫描二维码，获得夏普微生活会员卡，享受三重惊喜”的活动。图 10–13 是夏普中国设计的宣传海报，这个海报及活动内容在各大网站、论坛发布，并在重点小区进行张贴。活动的具体内容如下：

领取夏普中国微生活会员卡，即可享受三重惊喜！

惊喜一：专属抽奖活动

活动期间，凡夏普微生活会员卡用户都将有机会获得夏普公司随机送出的 iPad mini 一台（共 6 台，每月送出 2 台），将统一于次月 1 日抽奖，并随后在夏普官网和“夏普中国”微信官方账号上予以公布。该活动仅限北京、上海、广州地区。

图 10–13　夏普宣传海报

惊喜二：专属买赠活动

活动期间，凡夏普中国微生活会员卡用户一次性购买夏普产品满 2 万元（必须含 60 英寸及以上液晶电视或进口冰箱），并将消费发票（发票要求：产品型号，购买金额，购买日期，发票编号清晰可见）以照片形式发送给“夏普中国”官方微信账号，即可获赠价值 1599 元的夏普净离子群保湿美容器一台（共 120 台）。数量有限，送完即止。该活动仅限北京、上海、广州地区。

惊喜三："亲情回馈，买一赠一"活动

即日起至2013年2月28日，凡购买夏普指定产品，即可获赠52英寸液晶电视/空气消毒机/空气净化器等多重好礼。详情请见夏普官方微信、店内宣传海报或询问专柜工作人员。该活动全国地区均可参加。

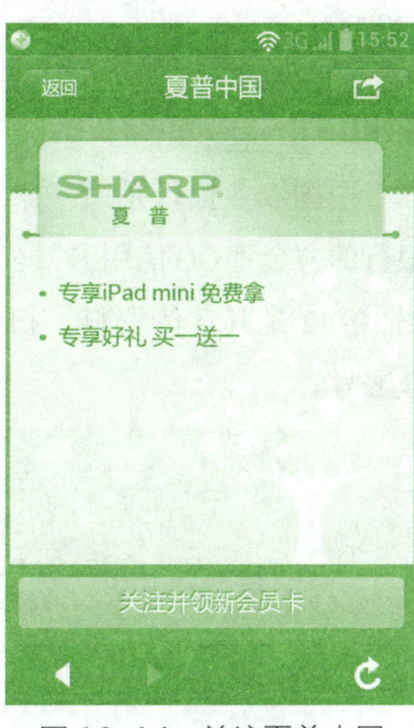

图 10-14 关注夏普中国

用户只要通过扫描"夏普中国"公众账号的二维码（或搜索微信号sharpofficial），在图10-14中触按"关注并领取会员卡"按钮就可成为夏普中国的好友，并且可以直接领取夏普中国的"微生活会员卡"，如图10-15所示。关注夏普中国公众账号后，就可参与夏普中国正在进行的促销抽奖活动，享受各种优惠特权和活动奖品。如图10-16所示是"会员特权"，触按下面的列表就可看到具体的会员特权内容。

图 10-15 夏普中国微生活会员卡

图 10-16 夏普中国会员特权

10.4 在微信中申请金穗 QQ 信用卡

中国农业银行是第一家跟微生活会员卡合作的银行，用户关注中国农业银行的“金穗QQ信用卡”公众账号，即可在微信中在线申请金穗QQ信用卡。图 10–17 是其宣传资料，扫描其中二维码，就可关注“金穗 QQ 信用卡”公众账号。

图 10–17 中国农业银行宣传资料

申领金穗 QQ 联名 IC 信用卡尊享 4 大给力活动：

- 扫描二维码成为电子卡会员，立即兑换 2 枚 Q 币；
- 激活信用卡并任意消费 1 笔，立即可获得 50 枚 Q 币；
- 连续 2 个月消费满额，获得专属拉卡拉手机刷卡器 1 台；
- 易迅购物特享专区。

1. 免费抽奖

用户首先扫描图 10–17 所示宣传页面中的二维码，将显示如图 10–18 所示的界面，触按“关注并领新会员卡”按钮，将显示如图 10–19 所示的界面。

接着触按“会员卡特权”可看到如图 10–20 所示的界面，这里列出了“金穗 QQ 信用卡”为微生活会员卡所提供的特权，获得了免费抽奖机会 1 次，触按下方的“点这里获取抽奖码”，即可获取一个抽奖码，如图 10–21 所示。

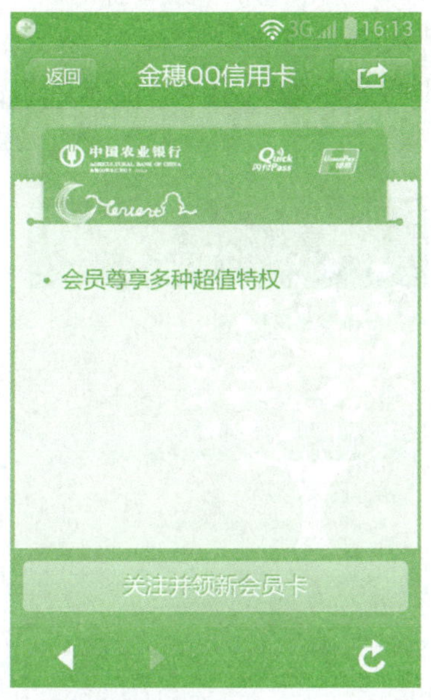

图 10-18 关注中国农业银行公众账号

图 10-19 中国农业银行会员卡

将获得的抽奖码和姓名、手机号、QQ 号等内容填入如图 10-17 所示的界面中，单击“立即领取”即可免费获取中国农业银行送出的 Q 币。

图 10-20 中国农业银行会员卡特权

图 10-21 获得抽奖码

2. 在线申请金穗 QQ 信用卡

在图 10-19 中触按“申请信用卡”，则将显示如图 10-22 所示的界面，用于填写申请信用卡的各项信息。

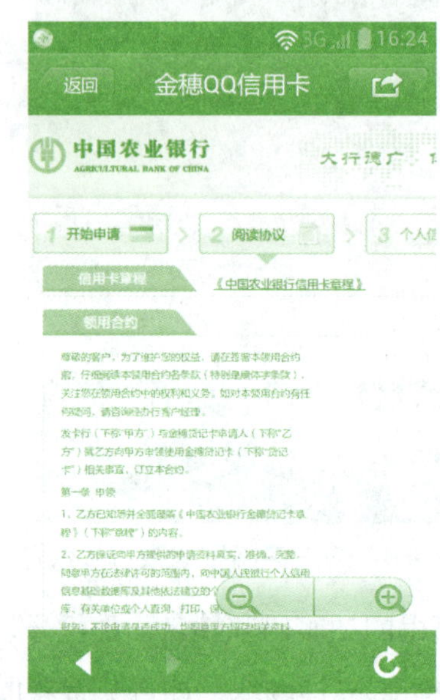

图 10-22　申请信用卡

中国农业银行结合微信的特点，通过在线申请信用卡的形式进行营销，可以激发年轻人的兴趣，更利于信用卡的推广。同时，在进行信用卡营销时，配合送 Q 币等活动，也更能吸引年轻一族的参与热情。

10.5 微信查公交，提升公交公司品牌

成都市公共交通集团公司经营公交线路 220 余条、公交车 5200 余辆，日载客 330 余万人次，占成都市中心城区近 90% 公交市场份额。为方便乘客，成都公交集团公司在其官方网站上提供了线路查询、车辆点位查询、发车频率查询等服务。不过，对于在站点候车的乘客来说，通过网站查询这些信息

总是不太方便。

提示 为了方便市民随时了解公交运行状态，公交集团公司为每一个公交站点都进行了GIS编码，并在站牌上标识出了二维码。这样，市民就可在候车时扫描二维码查询车辆到站信息。

微信推出公众平台之后，成都公交集团公司也开通了自己的账号“成都公交查询”（微信号：ApiBus），其二维码名片如图 10–23 所示。

关注“成都公交查询”公众账号后，可收到如图 10–24 所示的提示信息。从这个欢迎信息可看到，可以查询公交车位置和公交卡余额。

要查询这两项数据，就需要连接到公交公司的后台数据库，因此，这里使用了 API 接口进行开发。当然，对于乘客来说，不需要关心后台技术问题，只知道通过这个微信公众账号可以很快获取相关信息就可以了。

图 10–23 成都公交集团公司二维码

图 10–24 “成都公交查询”的提示信息

如图 10–25 所示，发送公交车线路号和站点名称（或从站牌上查看其 GIS 编号，发送公交车线路号和 GIS 数字编号），就可知道该线路车距离指定车站还有几站路程。知道这个信息后，乘客就可以安排自己的时间（例如，若距离还比较远，需要一段时间才能到这个站，就可以到附近超市买点东西）。

如图 10-26 所示，发送公交卡的卡号，即可获得公交卡的余额。

通过微信，不需要建立自己的移动互联网查询网站，成都公交集团就可以快速地进入移动互联网。而且，微信快捷方便的查询，拉近了公司与乘客之间的距离，方便了乘客，也提升了公司的品牌。

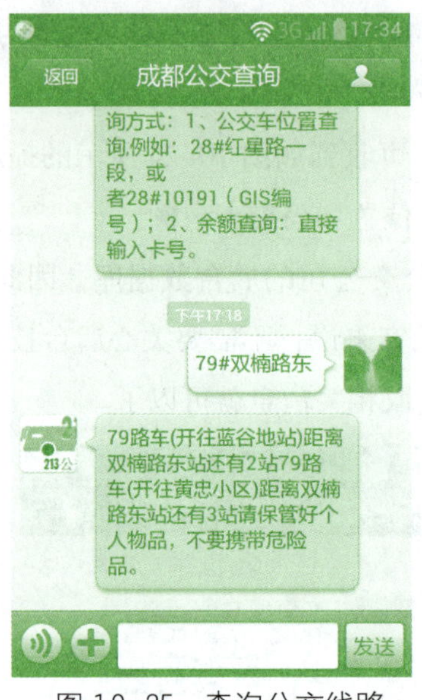

图 10-25　查询公交线路

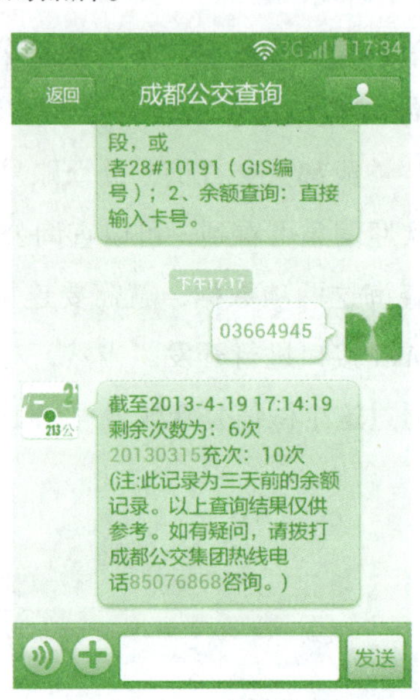

图 10-26　查询余额

10.6 新东方微信，移动学习助手

新东方教育科技集团以培训为核心，拥有亲子中心、泡泡少儿教育、优能中学教育、基础英语培训、大学英语及考研培训、出国考试培训、多语种培训等多个培训体系，同时在基础教育、职业教育、教育研发、出国咨询、文化产业等方面取得了骄人的成绩。作为中国著名的私立教育机构，新东方教育科技集团于 2006 年在美国纽约证券交易所上市，是中国大陆第一家在美国上市的教育机构。

提示 由于本身就是以互联网为平台的教育集团，新东方非常重视网络营销，不仅有自己专业的网站，还通过各大网站的微博、人人网等多种渠道进行营销。随着智能手机的兴起，又推出了自己的手机学习客户端App。

随着微信公众平台的推出，新东方又开通了微信公众账号，并通过微博、人人网等渠道推荐好友关注微信账号。如图 10–27 所示是新东方在腾讯微博中的推广信息。

图 10–27　新东方的宣传资料

在微信公众平台中，“新东方”提供了丰富的功能为用户服务，不仅有新东方的课程营销信息，还可查询考试相关信息，收听最新话题等。发送 h 就可看到提示信息，如图 10–28 所示。

例如，回复 t 就可收听“新东方好声音”语音栏目，如图 10–29 所示。通过收听这些简短的语音片断，用户可以利用零星时间提高英语水平。

新东方还在微信中设置了在线答疑的功能，只要发送问题加上“老师我提问”，就可得到实时回答，每周二还专门开设“新东方问吧”栏目如图 10–30 所示。

图 10–28 并未列出“新东方”的所有功能，例如，回复“id”，可收听到新东方相关专家的演讲语音，如图 10–31 所示。

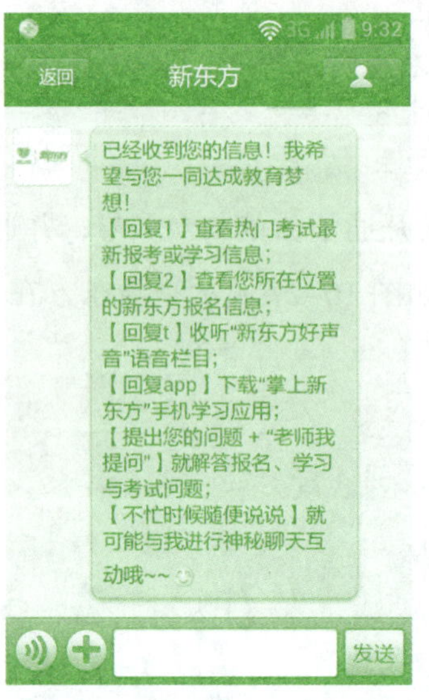

图 10-28　查看提示信息

图 10-29　收听语音栏目

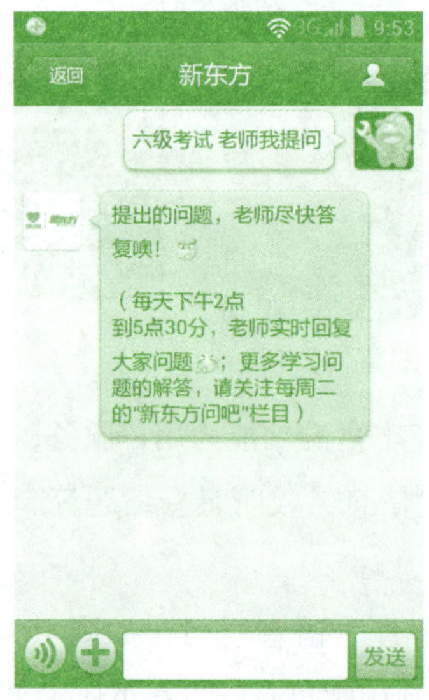

图 10-30　在线答疑

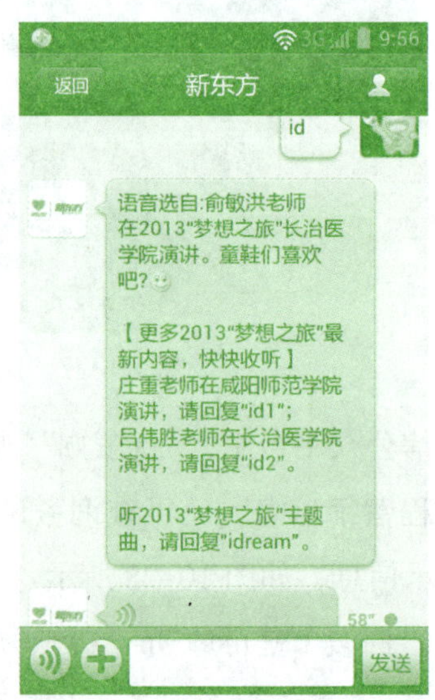

图 10-31　收听专家的演讲语音

新东方通过微信公众平台，以更方便快捷的方式与用户、学员交流，既可以为已有学员服务，又可吸引更多的用户关注。在微信公众平台中，既提供了课程介绍，也提供了移动学习功能，并通过实时答疑，提高互动率，让用户加深对新东方的了解，扩大了品牌的影响力。

第11章 电脑也能用微信

大家都知道，微信只能在手机、平板电脑等移动终端上使用。由于这些移动终端使用触摸屏，输入文字时总是不太方便，不能像电脑中用键盘那样快速输入。如果能在电脑中使用微信，通过键盘输入文字，就方便多了。能不能在电脑中使用微信呢？当然可以。本章介绍两种在电脑中使用微信的方法：一种是微信官方提供的方法，另一种是通过使用 Android 模拟器运行微信。

11.1 网页版微信

首先来看微信官方提供的方法：网页版微信。微信网页版官方主页已经上线，域名为：wx.qq.com。这是微信首次进入 PC 电脑领域，微信手机版和网页版打通之后，就可以直接在网页浏览器里收发手机微信消息、甚至是在电脑和手机之间传输文件。

11.1.1 如何登录网页版

如何在电脑中登录网页版微信？操作很简单，使用手机扫描一下网页上的二维码，就可登录微信网页版。具体步骤如下：

提示 这时，手机微信客户端变成了微信网页版的登录钥匙。

（1）在电脑浏览器中打开网址 http://wx.qq.com/，在网页中将显示如图 11-1 的一个二维码图片。

（2）在手机中登录微信，并使用“扫一扫”功能扫描电脑网页中显示的二维码图片，这时手机微信中将显示如图 11-2 所示的提示信息，确认是否为本人操作。

图 11-1 电脑中的二维码

图 11-2 手机提示信息

（3）在手机显示的图 11–2 所示界面中触按“我确认登录微信网页版”按钮，电脑浏览器中将显示微信界面，如图 11–3 所示。在这个界面中，左侧显示的是微信的面板，右侧为空，当与好友聊天时右侧将显示聊天窗口。在左侧的微信面板中，上方显示了头像和名字，下面有 2 个图标，分别是聊天列表和通讯录，然后下面大部分区域就显示了聊天列表或通讯录列表。

图 11–3　微信网页版界面

11.1.2　网页版微信的功能

从图 11–3 所示的界面可看出，在网页版的微信中没有手机版中的“朋友们”和“设置”按钮，因此，微信网页版的功能很简单，主要就是提供聊天功能。

除了聊天功能之外，微信网页版的功能还包括：手机和电脑之间的文件传输，可以将手机视频、图片通过电脑微信网页版下载到电脑本地硬盘。

1. 聊天

聊天功能肯定必须提供。在图 11–3 所示微信面板中单击“通讯录”中的好友，右侧将显示该好友的资料，如图 11–4 所示。

图 11-4　网页版——查看好友信息

单击“发消息”按钮即可切换到聊天界面，在下方通过电脑键盘可以快速的输入文字，发送给好友，如图 11-5 所示。

图 11-5　网页版——聊天界面

在图 11-5 所示聊天界面中，在输入信息文本框的左边有 3 个图标，可分别用来选择表情、发送截屏、文件图片。

在网页版中也可以进行群聊，在微信网页版面板中单击右上角的下拉前箭头，将显示如图 11-6 所示的下拉菜单，从中选择“发起聊天”命令，将显示“发起聊天”对话框，发 11-8 所示，在这里可选择一个已有的群，也可以勾选通讯录中的多个好友，新建一个群。单击“确定”按钮即可打开类似图 11-5 所示的聊天窗口。

图 11-6　网页版——下拉菜单

图 11-7　网页版——发起聊天

2. 发送截屏

在微信网页版中，可以将电脑屏幕显示的内容截屏作为一张图片发送给好友。例如要将电脑中微信网页版的界面发送给好友，可按以下步骤进行操作：

要使用“发送截屏”功能，需要根据提示下载安装一个插件。

（1）在图 11-5 所示界面中单击“发送截屏”图标，将弹出一个如图 11-8 所示的“准备截屏”对话框，根据对话框中的提示，将需要截取的内容显示在屏幕的可见区域。

（2）单击“开始截屏”按钮，这时显示在屏幕上的一个窗口将被选中。选择好之后，双击鼠标将显示如图 11-9 所示的对话框，在这个对话框中显示了截屏的内容。

进入截屏界面后，也可按下鼠标左键并拖动鼠标框选需要截取的屏幕区域。

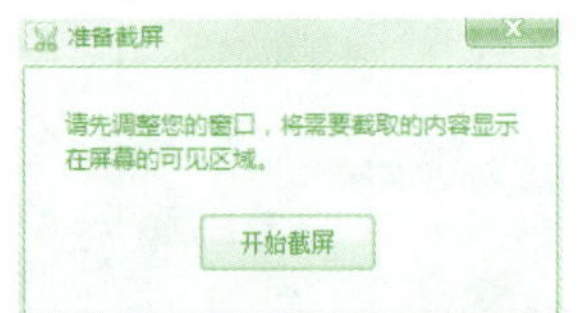

图 11-8　网页版——截屏提示

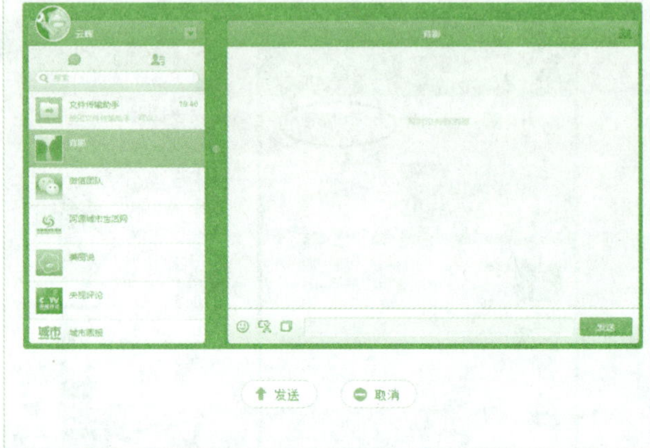

图 11-9　网页版——截屏内容

（3）在图 11–9 所示对话框中确定截取的是需要的内容，则可以单击“发送”按钮将图片发送给好友。

若不满意所截取的内容，单击“取消”按钮可放弃这次的截屏。

3. 给好友传送文件

在图 11–5 所示聊天界面中，单击聊天信息输入框左侧的“文件图片”图标，将显示“打开”对话框，这时可从电脑中选择要发送的文件，然后单击“打开”按钮即可将文件发送给好友。

传送的文件不能大小超过10M。

4. 使用文件传输助手传送文件

在聊天窗口中可以向好友发送文件，如果要将文件在电脑与自己的手机之间传输，则可以借助“文件传输助手”，从图 11–10 所示的“详细资料”可

看到，通过“文件传输助手”可以在手机与电脑间传输文字、图片、音频、视频等文件。

图 11-10　文件传输助手

登录到微信网页版之后，“文件传输助手”将自动出现在聊天列表中。在网页版的微信面板中单击“文件传输助手”，可以打开与其聊天的界面，如图 11-11 所示。

图 11-11　网页版——与“文件传输助手”交互

从图 11-9 可看到，与好友聊天的界面与此相同，因此，同样可以使用聊天信息输入框左侧的 3 个图标进行选择表情、发送截图、文件图片的操作，只是这里发送的这些信息不是给某一个微信好友，而是发送到登录相同微信账号的手机中。这样，就可以将电脑中的资料传输到手机中。

技巧 也可在手机端通过“文件传输助手”将手机中的文件发送到电脑端。

11.1.3 如何退出网页版微信

要退出微信网页版，官方给出的方法有三种：

- 直接关闭浏览器；
- 长时间没操作时，网页版自动退出（具体多长时间没操作会退出，官方没有公布）；
- 从手机上退出微信网页版，或者手机退出了微信客户端，微信网页版都会自动退出。

11.2 在模拟器中使用微信

微信官方提供的网页版的功能有限，没有添加好友、朋友圈等许多特色功能，因此使用起来不太方便。这里再介绍另外一种方法，就是在安装有 Windows 操作系统的电脑中安装一个 Android 模拟器，然后在这个模拟器中就可以安装 Android 软件，当然也就可以安装微信的 Android 版了。

11.2.1 安装安卓模拟器

在 Windows 中安装 Android 模拟器也有多种方案，例如，可以下载一个开发人员使用的 Android SDK，其中就提供有 Android 模拟器，可以模拟各版本的 Android 系统，如图 11-12 所示模拟的是 Android 4.0 的操作界面，左边大部分为一个屏幕区域，右侧则是模拟手机中对应的一些按键。而图 11-13 所示模拟的是 Android 2.2 的操作界面。

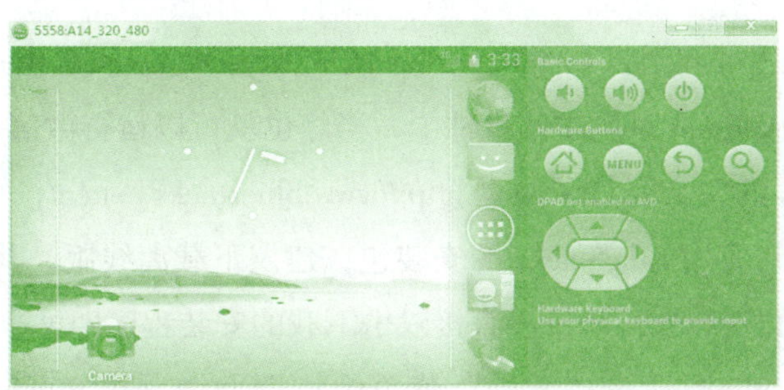

图 11-12　模拟 Android 4.0 界面

图 11-13　模拟 Android 2.2 界面

提示 Android SDK中提供的模拟器配置麻烦，不建议大家使用。

这里介绍另一种方法：使用 BlueStacks 模拟器。

BlueStacks 是一个可以让 Android 应用程序运行在 Windows 系统上的软件，BlueStacks 可以让针对 ARM 处理器开放的安卓应用运行在基于 x86 处理器的 PC 或者平板上，而且可以调用 PC 的显卡。

提示 BlueStacks目前还是公测中，但使用起来已经感觉比较成熟了，支持Windows XP、Vista、Windows 7、Windows 8。

从以上描述可知道，在 Windows 系统中安装 BlueStacks 模拟器软件，就可以其中运行 Android 系统中的软件了，当然也就可以运行微信。

BlueStacks 的中文官方网站是 http://www.bluestacks.net.cn/，在官方网站中可以免费下载和使用 BlueStacks 的安装包，建议下载离线版，其大小为 100M 左右。下载后的安装也很简单，直接双击下载的安装程序即可。

安装后在 Windows 的“开始”菜单中将会增加一个 BlueStacks 启动组，选择其中的“Start BlueStacks”命令就可启动该模拟器，启动后的界面如图 11-14 所示。在下方从左向右依次是返回、主选单、主页、设定、分享快照、开启全屏幕等按键。

这时可在 Windows 中下载微信的 Android 安装程序，然后在 Windows 中双击该 apk 安装包，就会自动将其安装到 BlueStacks 模拟器中。图 11-14 是已安装好了“微信”时的界面。

当然，也可以安装其他 Android 程序到模拟器中。

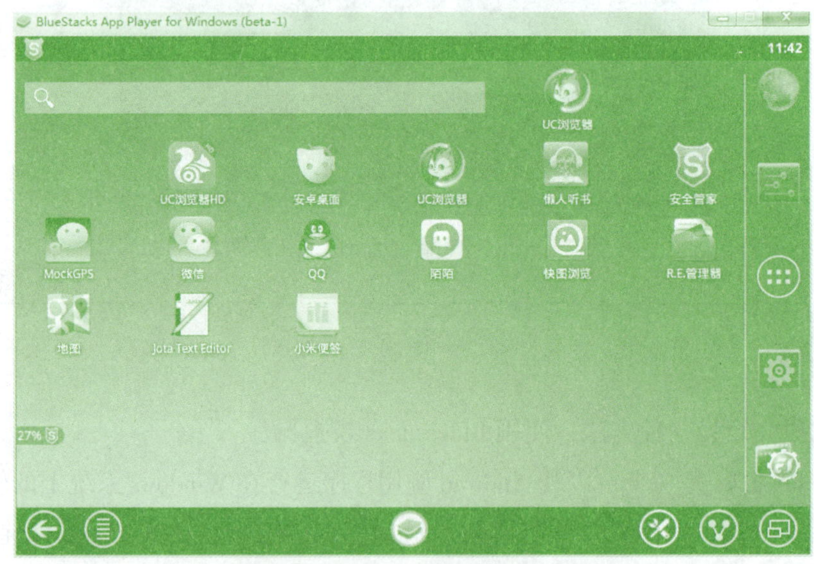

图 11-14　BlueStacks 模拟器

11.2.2 使用模拟器中的微信

在 BlueStacks 中安装微信之后，在桌面上单击“微信”图标，就可启动软件，启动后的界面如图 11-15 所示，可以看到，其界面与手机等移动终端中完全一致，下方是 4 个按钮，右上角是一个魔法棒按钮。

图 11-15 在模拟器中使用微信

与好友的聊天界面如图 11-16 所示，可以看到，其界面与手机终端上的界面也完全相同，可以发送文本、语音、图片等各种信息。

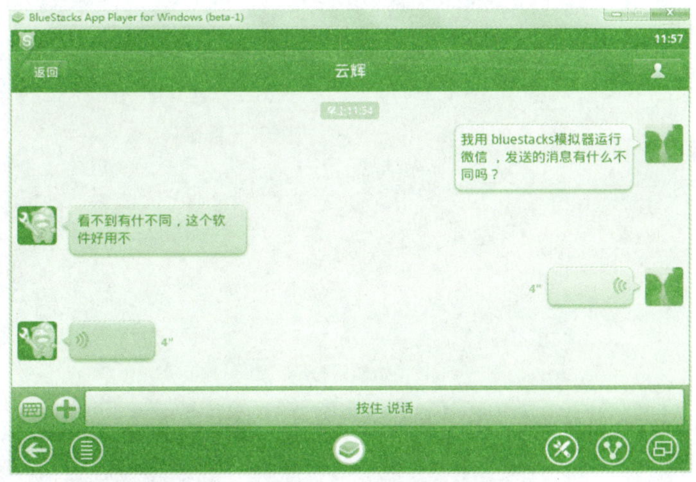

图 11-16 微信在模拟器中的聊天界面

注意 经过测试，实时对讲和视频现在还不能正常使用。

针对无法使用“附近的人”这个问题也有解决方案，就是在模拟器中安装一个“伪装地理位置”的应用就可解决。

类似地，“摇一摇”功能也可以通过模拟实现。按键盘上的向左方向键2秒后马上切换为向右方向键，就能模拟晃动手机的操作。

微信的其他大部分功能（如朋友圈、漂流瓶等），都能在模拟器中正常使用，使用方法也在手机等移动终端的方法相同，这里也就不再重复了。